하늘에 닿은 날갯짓
자유와 그리움의 시적 항해

이영하 시집

_____ 님께

삶이라는 바람 속에서
당신의 날갯짓도 하늘에 닿기를 바랍니다.
이 시집 『하늘에 닿은 날갯짓』에 담긴
작은 시 한 편이
당신의 하루에 따뜻한 위로가 되길
바라며 드립니다.

• 책을 내면서 •

이 시집 『하늘에 닿은 날갯짓』은 하늘을 나는 꿈을 품고 살아온 제 인생의 여러 순간들을 담았습니다. 하늘과 같은 드넓은 세상을 저는 조국의 이름으로 비행하며 그 속에서 아름다움과 고뇌, 희망과 사랑을 마주했습니다.

각 시는 저의 발걸음이 닿았던 장소 그리고 마음이 머물렀던 시간의 흔적입니다. 제 비행경로와 함께 쌓인 기억들은 지금도 저에게 커다란 영감의 원천이 되어 주었습니다.

특히 이번 시집에는 제가 외국에서 근무하고 여행하며 만난 다양한 장소와 인연들, 그곳에서의 경험들이 고스란히 담겨 있습니다.

특히 제5부 '날개를 타고 세계로'는 제가 걸었던 세계 곳곳에서 받은 영감을 통해 하늘을 넘어 세상과 더불어 느꼈던 감동을 시로 표현한 부분입니다. 이는 단순한 여행 기록이 아닌 그곳에서 느꼈던 삶의 여운을 시로 풀어낸 것입니다. 이 시집이 독자 여러분에게 작은 날갯짓으로 다가가 하늘과 세상 사이에서 또 다른 아름다움을 발견하는 계기가 되기를 바랍니다.

이 책이 독자 여러분의 마음에도 닿아 하루하루의 일상이 조금 더 가볍고 자유로워지기를 바랍니다.

2025년 봄 이영하 올림

프롤로그

하늘은 언제나 나의 고향

하늘은 언제나 나의 고향이자 쉼터였습니다. 끝없는 하늘을 바라볼 때마다 그 안에 담긴 수많은 이야기와 감정을 느끼곤 했습니다. 이 시집은 그러한 하늘을 향한 애정과 꿈을 담은 한 편의 여정입니다.

『하늘에 닿은 날갯짓』이라는 제목처럼 시집 속의 모든 시는 하늘을 향한 마음이자 그 너머에 있는 세상을 향한 작은 날갯짓입니다. 하늘은 저에게 자유와 평화 그리고 무한한 가능성을 상징하며 그곳에서 저는 나 자신을 끊임없이 재발견해 왔습니다.

특히 이번 시집에는 제 전투 조종사 비행 생활과 외교관으로서의 여정에서 만난 다양한 경험들이 녹아 있습니다. 독일과 레바논을 비롯한 여러 나라에서 보고 느낀 풍경과 사람들, 그곳에서 마주한 순간들은 저를 더욱 풍요롭게 만들었습니다.

이러한 경험들은 그저 이방인의 눈으로 바라본 것이 아니라 그 안에 녹아든 문화와 사람들에 대한 존중과 애정을 바탕으로 쓴 시들입니다. 이 시집을 펼치는 독자들 역시 하늘을 나는 기분으로 시 한 편 한 편을 통해 마음속 하늘로 날아가기를 바랍니다. 우리가 품고 있는 꿈과 비전은 저 멀리 하늘에 닿을 수 있는 것이며 그 날갯짓 하나하나가 결국 삶의 방향을 결정짓습니다.
  이 책이 작은 날갯짓이 되어 여러분의 하늘과도 맞닿기를 소망합니다.
  함께 해 주셔서 감사합니다.

2025년 봄
시인 이영하 올림

하늘과 인생에 대한 깊은 성찰

『하늘에 닿은 날갯짓』은 시인의 하늘과 인생에 대한 깊은 성찰이 묻어나는 아름다운 시집입니다. 시인은 하늘을 나는 비행사로서의 경험을 바탕으로 우리 일상에서 쉽게 접할 수 없는 감성과 통찰을 시 속에 담아냈습니다. 이 시집은 독자들에게 하늘과 인생 그리고 내면을 다시 바라볼 수 있는 기회를 선사합니다.

그중에서도 주목할 두 작품은 '활주로와 인생'과 '한 획의 차이'입니다.

'활주로와 인생'은 인생의 시작과 끝을 활주로에 비유한 작품으로 시인이 비행을 통해 느낀 삶의 도전과 성취를 상징적으로 그려내고 있습니다. 활주로를 힘차게 달려 이륙하는 순간은 곧 인생의 새로운 도약과 가능성을 의미하며 활주로 끝에서 다시 착륙하는 순간은 마치 삶의 정착과 결실을 상징하는 듯합니다. 이 시는 전투 조종사의 독특한 시각에서 비롯된 인생에 대한 깊이 있는 통찰을 전달합니다.

'한 획의 차이'는 작고 미묘한 차이가 인생에 얼마나 큰 영향을 미칠 수 있는지 보여주는 철학적인 시입니다. 한 획으로 단어의 의미가 완전히 달라지듯 인생에서도 작은 선택과 결정이 큰 변화를 가져올 수 있음을 암시합니다.

시인은 이 작품을 통해 독자들에게 세심한 선택의 중요성을 일깨워 주며 그 속에서 인생의 의미를 성찰하게 합니다.

이처럼 『하늘에 닿은 날갯짓』은 시인의 전투 조종사 경험과 인간적 통찰을 시적으로 승화한 작품집으로 독자들에게 큰 감동과 공감을 불러일으킬 것입니다. 이 시집이 많은 이들의 마음을 울리고 하늘을 향한 열망과 인생의 여정을 다시금 돌아보게 하는 소중한 기회가 되리라 믿습니다.

〈계간시원〉 발행인
시인 김송배

추천사 2

하늘을 향한 꿈과
인간의 삶을 동시에 그려낸 거대한 서정의 미학

시집 『하늘에 닿은 날갯짓』은 단순히 시인의 개인적 감정의 기록이 아니라 하늘을 향한 꿈과 인간의 삶을 동시에 그려낸 거대한 서정의 미학을 보여줍니다. 시인은 하늘을 나는 전투 조종사로서 지상의 것들과 하늘의 것을 절묘하게 연결하며 시 속에 시적 세계를 구축하고 있습니다.

특히 이 시집에서 '하늘은 내 고향'과 '하늘이 옷을 입었네' 두 작품은 이 시집을 대표하는 시로 손색이 없습니다.

'하늘은 내 고향'에서는 하늘을 고향으로 비유하여 시인의 뿌리와 소속감을 하늘과 연관시킵니다. 시인이 공중에서 느끼는 자유와 그리움이 교차하는 순간들은 이 시를 읽는 독자들에게 강한 감동을 선사합니다. 하늘을 향한 열망은 비단 시인의 개인적인 꿈을 넘어선 모든 인간의 이상향을 향한 비유로 읽히며 시적 비유가 탁월합니다.

또한 '하늘이 옷을 입었네'는 하늘의 다양한 색채와 모습을 마치 의복을 입은 듯한 시적 표현으로 묘사한 작품으로 하늘의 변화무쌍한 모습을 세심하고도 아름답게 그려냅니다. 이 시를 통해 시인은 자연의 섬세함을 인간의 감정과 연결시키며 읽는 이로 하여금 하늘의 변화 속에서 자신의 삶을 돌아보게 만듭니다. 그 서정적 아름다움과 심오한 철학이 시집의 주제를 더욱 돋보이게 합니다.

이처럼 『하늘에 닿은 날갯짓』은 시인이 하늘과 삶에 대해 품고 있는 깊은 사유와 감성을 여실히 보여주는 시집입니다. 이 시집이 독자들에게 하늘처럼 무한한 영감을 줄 수 있으리라 확신합니다.

한국경기시인협회 이사장 겸 〈한국시학〉 발행인
시인 임병호

시인의 날갯짓은 하늘과 땅을 잇는 다리

『하늘에 닿은 날갯짓』은 이영하 시인의 삶과 꿈이 시어 속에서 고스란히 펼쳐지는 매우 특별한 시집입니다. 시인의 날갯짓은 하늘과 땅을 잇는 다리처럼 우리를 자유와 그리움 그리고 깊은 성찰의 세계로 인도합니다.

특히 '하늘은 내 고향'은 비행을 통해 느낀 고향에 대한 그리움을 아름답게 그려내며 고향을 향한 시인의 애정과 나라에 대한 깊은 애국심이 독자들의 마음에 큰 울림을 전합니다.

또한 '통일의 새벽'은 희망과 통일을 향한 열망을 담은 시로 강렬한 메시지와 함께 미래를 향한 비상의 의미를 전합니다. 이영하 시인의 시는 단순히 개인의 경험을 넘어 우리의 삶과 꿈을 돌아보게 하며 시적인 영감과 함께 많은 깨달음을 선사합니다.

이 시집은 독자들에게 새로운 시적 경험을 안겨줄 것입니다.
비행의 자유로움과 삶의 깊이를 동시에 느낄 수 있는 이 작품들
을 통해 여러분도 함께 날갯짓을 하며 새로운 세계로 나아 가길
추천드립니다.

전) 국제 PEN 한국본부 고문
손해일 박사

추천사 4

일상에서 발견하기 어려운
광활한 세상을 시의 언어로 소통하다

이영하는 삼원색(三原色)의 시인입니다. 깊고 가없는 파랑의 하늘을 누비며 감동을 얻은 사념이 빨강과 초록을 아름답게 배합하여 칠하는 서정시인입니다. 그러니 그의 시는 하늘의 빛을 품고 있습니다. 그늘진 인생의 가슴에 희망과 영광을 비추는 여명과 같습니다.

이 시집 『하늘에 닿은 날갯짓』은 시인의 마음속에 자리한 하늘과 땅 그리고 인간의 내면을 아우르는 특별한 감성을 담고 있습니다. 시인은 전투 조종사로서의 시각을 바탕으로 우리의 일상에서 발견하기 어려운 광활한 세상을 시 속에 담아내어 독자에게 전해줍니다.

총 115편의 자작시는 다섯 개의 부로 구성되어 있으며 각 부는 서로 다른 주제와 감성을 품고 있습니다 하지만 그 모든 시는 하늘을 향한 열망과 인간의 내면적 사유를 관통하며 하나의 큰 줄기를 이루고 있습니다.

시인의 시들은 그저 아름다운 말의 나열이 아니라 인생에 대한 깊은 통찰을 담고 있으며 시를 읽는 이로 하여금 하늘을 바라보게 하고 자신의 내면을 탐색하게 만듭니다 때로는 자유로움을 때로는 절제된 힘을 느끼게 하며 독자의 마음에 공명합니다.

시집 『하늘에 닿은 날갯짓』은 하늘을 사랑하는 시인의 고귀한 영혼이 깃든 작품이며 독자들이 이 시집을 통해 새로운 시각으로 세상을 바라볼 수 있는 귀한 선물이 될 것입니다.

전) 동명대학교 총장 세종대학교 석좌교수
시인 정순영

님은 갔습니다
아아 사랑하는 나의 님은 갔습니다
푸른 산빛을 깨치고 단풍나무 숲을 향하여 난
작은 길을 걸어서
차마 떨치고 갔습니다

우리는 만날 때에 떠날 것을 염려하는 것과 같이
떠날 때에 다시 만날 것을 믿습니다
아아 님은 갔지마는 나는 님을 보내지 아니하였습니다
제 곡조를 못 이기는 사랑의 노래는
님의 침묵을 휩싸고 돕니다.

-한용운 시인의 "님의 침묵" 중 일부

거울

맑은 얼굴에
세상이 담겨 있다

빛과 그림자가
춤추며 반사된다

진실을 감추지 못하는
침묵의 목격자
때로는 마음을 꿰뚫는
차가운 눈동자

나를 보며
나를 찾는다.

-이영하-

차례

책을 내면서 … 4
하늘은 언제나 나의 고향 … 6
추천사 … 8
거울 … 17

제1부 / 날개를 펼치며

하늘에 닿은 날갯짓 … 26
하늘은 내 고향 … 27
조국이여, 하늘이여! … 28
하늘에 그려보는 낙서 … 29
활주로와 인생 … 30
날개를 펴는 순간 … 31
바람은 … 32
바람은 길동무 … 33
바람 같은 인생이 아니런가? … 34
바람처럼, 구름처럼 … 35
야간 비행 … 36
구름 위의 정거장 … 37
구름은 요술쟁이 … 38

구름 꽃이 피어나는 하늘에서 … 39
바람 속으로 … 40
저 하늘로 날아올라 … 41
새벽 별이 되어 살으리 … 42
샛별과 등대 … 43
나팔꽃 아침 … 44
하늘과 바람의 대화 … 45
하늘이 옷을 입었네 … 46
저 하늘에 새긴 꿈 … 48
하늘과 맞닿은 길 … 49
하늘과 바람과 별과 시 … 50
푸른 하늘에 쓰는 사랑 시 … 51

제2부 / 사랑과 그리움의 여정

연리지 사랑 나무 … 54
사랑은 믿음인 거야! … 55
사랑은 애물단지인가 봐 … 56
사랑의 지렛대 … 58
가슴앓이 속병 … 59
가을 연서 … 60
가을은 추억의 계절인가? … 61
가을, 노래가 흐르는 계절 … 62
가을이 오는 소리 … 63
인연 … 64
타생지연(他生之緣) … 65
기다림 … 66

기다림의 미학 … 67
그리움이 비가 되어 … 68
그믐달과 샛별의 밀회 … 70
저녁놀 … 71
석양에 춤추는 바다 … 72
한가위 보름달을 바라보며 … 74
한가위 보름달 … 75
귀성길 … 76
겨울 사랑 … 78
추석 연휴의 아름다운 모습들 … 80
인생 문답 … 81

제3부 / 삶의 항해

고요 속의 외침 … 84
깨달음의 길 … 86
통일의 새벽 … 88
인생은 선택의 연속 … 90
삶의 언저리를 휘돌아 … 92
한 획의 차이 … 94
이해와 오해 … 95
방파제의 숙명 … 96
덕담의 힘 … 97
좋은 습관 나쁜 습관 … 98
좌우명 … 99
빛과 어둠 … 100

사실과 당위 … 101
명절의 뒤끝, 마음 다스리기 … 102
명절 뒤의 남은 마음들 … 104
가을 역 … 106
가을의 기도 … 108
숙면 … 109
자작시에 대한 시적 쿠데타 … 110
인공지능 돌봄 로봇 … 111
투표 … 112
코리아 둘레길 … 113

제4부 / 자연과 함께하는 순간

여름 이야기 … 116
바다 … 118
삼다도 소식 … 120
늦가을 단상 … 121
바람은 전문 여행가 … 122
불타는 노을 … 124
몽골 그 치유의 땅에서 … 125
다듬이 소리 … 126
안산 봉수대에 올라서서 … 128
갈대의 사계절 … 129
멍때리기 … 130
실타래 … 131

저 하늘에 별이 되어 … 132
구름 속의 약속 … 133
새벽의 숨결 … 134
빙하의 눈물 … 135
하늘길과 바닷길 … 136
하늘과 구름 그리고 바다 … 138
바람이 머무는 곳 … 139
구름 … 140
적벽의 노을 … 141
빵 다방과 냉커피 … 142
고독사 예방 … 144
호들갑 … 145

제5부 / 날개를 타고 세계로

로렐라이 언덕 … 148
여름과 겨울을 하루에 체험하는 나라 … 149
중동의 보석 레바논 … 150
동명부대 자랑스런 용사들이여!!! … 151
백향목의 고장 브샤레 … 152
동명부대와 티르 … 153
바알벡 명상 여행 … 154
라인강 산책길 … 156
베토벤 생가에서 얻은 교훈 … 157
페트라 유적 … 158
팔미라의 제노비아 여왕 … 160

레바논의 하늘 아래서 … 162
시간의 돌 … 163
몽골 승마 체험 … 164
베니스의 물결 속에서 … 166
퀼른 대성당 … 167
페트라의 경이로운 유적 … 168
칼릴 지브란의 생가에 서서 … 170
융프라우의 기억 속으로 … 171
베토벤의 본(Bonn) 기억의 선율 … 172
베이루트를 그리워하며 … 173

에필로그 … 174

- 하늘에 닿은 날갯짓
- 하늘은 내 고향
- 조국이여, 하늘이여!!!
- 하늘에 그려보는 낙서
- 활주로와 인생
- 날개를 펴는 순간
- 바람은
- 바람은 길동무
- 바람 같은 인생이 아니런가?
- 바람처럼, 구름처럼
- 야간 비행
- 구름 위의 정거장
- 구름은 요술쟁이
- 구름 꽃이 피어나는 하늘에서
- 바람 속으로
- 저 하늘로 날아올라
- 새벽 별이 되어 살으리
- 샛별과 등대
- 나팔꽃 아침
- 하늘과 바람의 대화
- 하늘이 옷을 입었네
- 저 하늘에 새긴 꿈
- 하늘과 맞닿은 길
- 하늘과 바람과 별과 시
- 푸른 하늘에 쓰는 사랑시

제1부
날개를 펼치며

하늘에 닿은 날갯짓

하늘을 향해 펼친 날개,
그 첫날의 설렘은
구름 속 숨겨진 비밀을 찾는 아이처럼
끝없이 파란 하늘에 나를 던졌네.

바람은 내 편이었고, 햇살은 길을 비추며
새로운 길을 열어주었지.
날갯짓 하나에 담긴 작은 용기는
하늘 끝에 닿을 꿈의 씨앗이 되었네.

저 멀리 수평선 너머로 날아가는 순간,
구름을 가르며 내 마음도 함께 가벼워졌네.
하늘은 언제나 나를 부르고, 그 부름에 응답하는 날갯짓은
내 안에 숨어 있던 자유를 일깨웠다네.

끝없이 펼쳐진 푸른 공간 속에서 날개를 활짝 펴고,
하늘과 내가 하나가 되는 그 순간,
나는 비로소 나 자신을 만났다네.

하늘에 닿은 날갯짓,
그것은 내가 꿈꾸던 모든 이야기의 시작,
그리고 끝없는 여정의 첫 페이지였네.

하늘은 내 고향

하늘은 내 고향,
비행운이 그려진 자리마다
내 발자국도 함께 새겨진다.
제트기류를 가르며 끝없이 펼쳐진 길 위에서
나의 심장은 쉼 없이 고동친다.

구름은 나의 친구,
그 마법 같은 변화 속에서 새로운 세계가 열리고,
난기류조차 반겨주는 끝없는 모험의 일부가 된다.
바람을 가로지르며 나의 날개는 자유를 만끽하고,
그곳에서 나는 비로소 살아 있음을 느낀다.

아침이면 황금빛 하늘을 가르는 새처럼
나의 제트는 빛을 뚫고 솟아오르고,
저녁이면 별빛이 속삭이는 그 넓은 품에서
하늘의 고요한 따뜻함이 나를 안아준다.

언제나 나를 받아주는 고향의 품, 하늘,
그곳에서 나는 집을 찾는다.
하늘은 나의 길이자 쉼터,
그리고 영원한 나의 고향.

조국이여, 하늘이여!

조국이여, 하늘이여!
당신을 향해 날개를 펼치는 순간,
내 심장은 당신의 맥박과 함께 뛰어요.

저 푸른 하늘 속 바람에
당신을 지키겠다는 맹세를 실었어요.
구름을 넘고, 태양을 맞이하며
하늘은 나의 전우가 되고,
조국은 나의 존재 이유가 되었어요.

비행기의 굉음 속에서
당신의 자유와 평화를 그리며,
하늘 위에서 내려다본 당신의 땅,
그 넓은 품에 우리는 안겨 있어요.

조국이여, 하늘이여!
당신이 있기에 나는 오늘도 날아올라
영원히 당신 곁을 지키고 싶어요.
그 날개 아래 피어나는 희망,
하늘이 내 고향이듯
조국 또한 내 영원한 품이 됩니다.

하늘에 그려보는 낙서

푸른 하늘 위에 손끝이 닿는 곳,
구름 속에 흩어진 선들이 춤춘다.
바람에 실린 순간의 생각들이
마음의 날갯짓으로 이야기로 피어난다..

하늘 속에 숨겨진 작은 꿈들,
잊힌 별들이 다시 깨어나 빛나고,
지울 수 없는 그리움의 흔적은
푸른 공간에 펼쳐진 나만의 하늘이 된다.

낙서는 하늘에 피어나는 상상,
무심히 그린 자유의 비행이지만,
그 속엔 숨길 수 없는
끝없는 갈망과 꿈이 녹아 있다.

그리하여 하늘은
내가 담아낸 기억의 캔버스,
그리고 날아오를 또 다른 이야기의 시작이다.

활주로와 인생

인생은 활주로 위를 달리는 비행기,
새벽안개 속 희미한 불빛을 따라
희망의 불빛이 깜빡이네.

방향을 잡고 엔진에 힘을 실어
무거운 날개를 펼칠 때,
작은 흔들림에도 굴하지 않는 용기가 필요하지.

속도를 높이며 거친 바람을 가로질러
전투기처럼 아프터버너(후기연소)를 켜고
어둠을 뚫고 나아가라.

두려움을 떨치고 비상하는 순간,
하늘은 무한한 가능성으로 열리고,
자신만의 궤적을 그리며
푸른 하늘을 자유롭게 날아오른다.

활주로는 끝이 아니고 시작일 뿐,
삶의 활주로 위에서 끊임없이 이륙하라,
지평선을 넘어 꿈을 향해 날아가며.

날개를 펴는 순간

날개를 펴는 순간,
세상은 조금씩 다른 빛을 띤다.
두려움과 설렘이 교차하던 마음속에
첫 바람이 살며시 스며든다.

작은 날갯짓, 그 안에 담긴 용기는 크다.
넘어질까, 떨어질까 망설였지만,
날개를 펴고 나서야 깨닫는다.
우리는 처음부터 날 수 있었다는 사실을.

높고 푸른 하늘이 끝없는 가능성으로 열리고,
멀리 펼쳐진 길이 우리를 부른다.
날아오르는 그 순간,
발밑의 두려움은 바람 속으로 흩어지고,
바람은 친구가 되어 등을 밀어준다.

우리가 갈망하던 자유,
그것은 바로 이 날갯짓에서 시작된다.
날개를 펼치는 결심은 크지만,
그 첫걸음이야말로 가장 아름다운 도약이다.
우리는 더 높이, 더 멀리
꿈을 향해 비상할 준비를 마쳤다.

바람은

바람은 자유로운 여행자야,
어디든 머물지 않고 끊임없이 떠나는,
나무 사이를 스치며 속삭이고
강물 위에 춤을 추며 사라지지.

때로는 산을 넘고,
도시의 복잡한 거리도 누비며
사람들의 얼굴에 미소를,
또는 깊은 생각을 담은 질문을 던지지.

바람은 어떤 틀에 갇히지 않아,
강한 벽도 넘어서고,
좁은 틈새로 스며들어
보이지 않는 곳까지 닿는 힘이 있지.

우리도 바람처럼 살 수 있을까?
형태에 얽매이지 않고 자유롭게 흘러가며,
누군가의 삶에 신선한 변화를 주는 존재로.

바람은 우리에게 속삭여,
삶이란 흘러가는 것이고,
멈추지 않는 마음이 진정한 자유라고.

바람은 길동무

바람은 언제나 나와 함께하는 길동무,
어디로 가든, 어느 길을 걸어도
나의 곁에서 조용히 속삭여 주네.

때로는 부드럽게 내 얼굴을 어루만지며,
때로는 힘차게 등을 밀어주며
앞으로 나아가게 해주는 든든한 친구야.

햇살 가득한 여름날엔 시원한 그늘을 찾아주고,
가을날엔 노랗게 물든 나뭇잎을 살랑이며
나만의 추억을 흩뿌려주지.

길이 외로울 때면,
바람은 나의 말 없는 친구가 되어
혼자가 아님을 깨닫게 해주네.

그 길 위에 쌓였던 고독도,
이 바람 속에서 어느새 사라지고,
바람과 함께 걷는 길은 늘 새롭고,
언제나 낭만적이야.

흘러가는 순간 속에서도
바람은 내 곁에서 세상의 모든 이야기를 전해 주니까.
오늘도 나는 바람과 함께 어디로든 걸어가네.
길동무가 되어 주는 바람과 끝없는 대화를 나누며.

바람 같은 인생이 아니런가?

바람 같은 인생이 아니런가?
때로는 부드럽게, 때로는 거세게 지나가지만
결코 눈에 보이지 않는.
그저 느껴질 뿐인 우리의 삶은
어디서 와서 어디로 가는지 모르는 바람처럼
흘러가는 게 아닐까.

어느 날은 따스한 봄바람처럼
기쁨이 되어 다가오고,
또 어느 날은 거친 태풍처럼
모든 것을 휘저으며 우리를 흔들어 놓지.

그렇다고 바람이 허무한 것만은 아니죠.
바람이 지나가야 새로운 시작이 있고,
인생도 그 흐름 속에서 다시 피어나니까.

잡을 수도 없고 붙잡을 수도 없지만
우리의 얼굴을 스치며 남긴 그 순간들을
기억하며 우리는 살아가죠.

바람이 끝없이 흐르듯 인생도 멈추지 않고,
그 흐름 속에서 우리는 마침내
하나의 자유로운 바람이 되는 것.
그래서, 바람 같은 인생이 아니런가?

바람처럼, 구름처럼

바람처럼, 나는 떠돌고 싶네.
어디에도 얽매이지 않은 채
자유로운 영혼을 따라
끝없는 세상 길 위를 날아가리라.

구름처럼, 나는 흐르고 싶네.
하늘의 품에 안긴 채
빛과 그림자를 넘나들며
세상의 모든 풍경을 안으리라.

바람처럼, 나는 춤추고
보이지 않는 손길로
세상을 살며시 쓰다듬으며
마음의 문을 열어주리라.

구름처럼, 나는 머무르리라.
잠시 스쳐 가며,
내려다보는 세상 속에서
삶의 의미를 되새기리라.

바람처럼, 구름처럼
내 존재가 찰나일지라도
그 순간이 빛나도록 자유롭고 진실하게
내 길을 굳건히 걸어가리라.

야간 비행

깊은 밤, 검은 하늘의 품에 안겨
은빛 별들이 속삭이며 길을 열어준다.
달빛은 어둠 속에서 빛나는 지도가 되어
숨겨진 세상의 비밀을 드러낸다.

차가운 바람이 날개의 끝을 스치고,
고요를 깨며 하늘을 가르네.
눈부신 도시의 불빛은 아득한 고도 아래에서
우리의 궤적을 따라 춤을 추고 있다.

시간이 멈춘 듯, 무한한 하늘을 유영하며
모든 것이 작아지고 마음은 끝없이 넓어진다.
별들은 속삭이고, 달은 고요히 미소 짓는다.

이 밤, 우리를 위한 무대는 오직 하늘.
야간 비행 속에서 우리는
빛이 되어 어둠을 가르며 춤춘다.

저 멀리 새벽빛이 어렴풋이 다가오면
우리는 다시 땅으로 내려가겠지만,
이 밤, 이 순간만큼은
영원히 하늘의 일부가 된다.

구름 위의 정거장

구름 위에 정거장이 있다면,
바람이 기차가 되어 나를 데려가겠지.
하얀 구름이 의자가 되고,
햇살은 창문을 스치며
세상 아래로 펼쳐진 풍경을 보여준다.

정거장은 언제나 잠시 머무는 곳,
멈춰서 하늘의 숨결을 느끼고
다시 떠날 용기를 채우는 곳.

그곳에 앉아 있으면
일상의 무게는 가벼워지고
나를 둘러싼 고요가 이야기를 들려준다.

구름 사이로 흐르는 하늘의 길.
나는 그 위에서 방향을 찾는다.
정거장에 앉아 바라보는 풍경은
시간도 멈춘 듯 평화롭다.

언젠가 다시 떠날 날을 기다리며,
구름 위에서 잠시 쉬어간다.
바람의 기차는 멀리서 나를 부르고,
그 부름에 응답할 순간을 떠올리며
나는 하늘에 내 마음을 맡긴다.

구름은 요술쟁이

하늘 위 구름은 요술쟁이,
아침이면 부드러운 솜털이 되어
햇살 속에 살며시 녹아내리고,
한낮에는 긴 장막처럼 펼쳐
태양을 감추는 비밀의 마술을 부리네.

바람의 손길을 더하면 둥근 구름은 뾰족한 산으로,
어느새 작은 강아지가 달리고,
잠시 후엔 배가 되어 하늘을 건너는 풍경이 되네.

저녁이면 노을을 품고, 붉고 황금빛 마법으로
하늘을 물들이며 떠날 준비를 한다.
그 발걸음은 가볍지만,
그림자는 깊은 여운을 남기네.

구름이 펼치는 무대는
끊임없이 변하는 요술의 세계.
우리가 품고 싶은 순간의 이야기를
하늘에 새겨주는 기묘한 예술가.

언제나 다른 모습이지만
그 변화 속에서 전하는 위로는 같아,
구름은 진정한 요술쟁이처럼
우리 마음에 환한 미소를 남기고 사라지네.

구름 꽃이 피어나는 하늘에서

구름은 마치 신의 붓끝,
하늘에 하얀 꽃을 피우네.
솜사탕 같은 향기가 가득한 그곳에
하늘 마술사의 손끝에서
하얗게 번지는 꽃잎이 흩날린다.

바람이 살며시 스쳐 가면
수백 송이의 꽃들이 춤을 추고,
손을 뻗으면 금방이라도
내 품에 안길 듯 가까운 구름,

아련한 기억 속의 옛 동화처럼
순백의 꽃은 빛을 받아 무지갯빛으로 물든다.
하늘은 끝없는 화원, 구름은 그 속의 나비들.
이 세상 모든 눈이
그 경이로움을 바라보며 멈춰 선다.

바람 속으로

바람 속으로, 나는 떠나네.
저 멀리서 들려오는 속삭임 따라
자유로운 영혼이 되어, 끝없는 하늘을 향해 나아가네.

초원의 풀잎들이 손짓하며 내 발걸음을 맞이하고,
바람의 노래는 자연의 숨결을 실어
내 가슴속 깊은 울림을 전하네.

황금빛 노을이 물든 저녁 하늘,
그 아래 펼쳐진 풍경 속에서 나는 바람과 하나가 되어
하루의 끝에 새로운 시작을 꿈꾸네.

부드러운 바람결에 실려
그대의 미소가 내 마음속에 떠오르고
별빛이 수놓은 밤하늘 아래에서
추억은 낭만의 선율로 울려 퍼지네.

바람 속으로, 나는 날아가네.
끝없이 펼쳐진 저세상 속으로 자유로운 꿈을 안고
그대와 함께하는 꿈을 찾아
우리의 이야기가 새기며 다시 만날 그날을 기다리네.

바람 속에서 피어나는 영원한 사랑
바람 속으로, 나는 떠나네.
끝없는 자유와 그리움이 만나는 곳,
그곳에서 우리는 다시 만나리라.

저 하늘로 날아올라

1970년, 젊음의 시작, 사관학교의 첫걸음에
꿈꾸던 하늘을 향한 여정이 시작되었네.
전투기 조종사로서의 길, 조국의 하늘을 지키며,
비상할 때마다 내 가슴은 자유를 노래했네.

고도를 높여, 구름을 넘어, 임진강을 내려다보며,
분단된 땅 위에 평화의 기도를 실어 보냈지.
매번의 이륙은 새로운 도전, 매번의 착륙은 새로운 배움,
동료들과의 끈끈한 유대, 소통의 리더십을 익혔네.

2007년, 공군참모차장으로 마침표를 찍고,
예비역의 길을 걷게 되었지만, 하늘에 대한 그리움은 남아있네.
지금도 가끔, 하늘을 향한 갈망이 가슴을 두드리고,
남북의 교착은 마음을 답답하게 만들지만,

믿음 하나로, 통일과 평화의 날이 올 것을 기대하며,
그 꿈을 위해, 함께 저 하늘로 날아오르길 소망하네.
하늘에서 내려다본 세상은 더 넓고 더 평화롭기에,
우리 모두 그 넓은 마음으로 평화의 길을 찾아야 하네.

통일의 꿈을 안고, 함께 날아오를 그날을 기다리며,
우리의 꿈과 소망을 저 하늘 너머로 더 높이 날려 보내세.
평화의 메시지를 하늘 높이 전 세계로 퍼뜨리며,
저 하늘로 날아올라 우리의 소망을 실현해 보세.

새벽 별이 되어 살으리

어둠이 세상을 감싸 안은 밤,
조용히 숨죽인 하늘 위에서
나는 새벽 별이 되어 빛나리라.

작고 미약한 빛이라 해도,
그 빛이 닿는 곳마다
길 잃은 영혼들이 희망을 찾으리.

새벽의 첫 기운이 퍼지며
세상은 조용히 다시 깨어난다.
어둠은 깊고 무겁다 해도 내 빛은 흔들리지 않으리.

저 멀리 들려오는 희망의 속삭임에
나는 빛을 더하며 답하리라.
길 잃은 마음들이 방황하지 않도록
나의 빛으로 길을 밝히고,
이 밤이 결코 영원하지 않음을
조용히 속삭이며 살아가리라.

희미한 불빛 하나가 세상을 바꾸듯,
나는 새벽 별이 되어 이 어둠을 깨우며 살리라.
그리고 마침내 아침이 찾아오면,
희망은 모두의 가슴에 새겨지고
나는 하늘 위에서 영원히 빛나리라.
끝없는 새벽을 알리며.

샛별과 등대

깊고 어두운 밤하늘 아래,
샛별은 조용히 빛을 뿌린다.
희미하지만 결코 사라지지 않는 빛,
그 빛은 멀리서 희망을 속삭이며
고요한 바다 위를 품는다.

출렁이는 파도 속에서
길을 잃은 배들은 안식처를 찾고,
그 순간, 등대가 눈을 뜬다.
단단한 바위 위에 서서
선명한 불빛으로 길을 비춘다.

샛별과 등대, 두 빛은 서로를 찾아내며
멀리서도 다정히 마음을 나눈다.
별빛은 부드럽게 춤추고,
등대는 강한 빛으로 나아갈 길을 새긴다.

어둠 속에서 방황하는 모든 이를 위해
두 빛은 하나의 언어로 이야기를 전한다.
샛별은 희망을 속삭이고, 등대는 용기를 불어넣는다.

밤이 깊어질수록 샛별은 더욱 빛나고,
등대는 변함없이 그 자리를 지킨다.
어둠과 빛의 조화 속에서 둘은 새로운 길을 열어
아침을 맞이하는 세상을 준비한다.

나팔꽃 아침

보랏빛 나팔꽃이 조용히 피어난 아침,
햇살을 머금은 꽃잎은
세상을 향해 속삭이듯 부드럽게 미소 짓는다.

작은 나팔이 자연의 노래를 부르듯,
꽃은 바람결에 속삭인다.
순수한 마음으로 활짝 열린 꽃잎들,
바람에 살짝 흔들리며
이른 아침의 기쁨을 가만히 전한다.

그 보랏빛은 마치 맑은 꿈처럼
우리 마음속에 스며들어 희망의 흔적을 남긴다.
나팔꽃의 아침은 고요한 시작 속에 담긴 기도,
빛 속에 깃든 작은 행복.

그 고운 빛은 오늘 하루를 밝히고,
우리도 그 빛을 닮아 새로운 날을 열어가리라.
나팔꽃의 속삭임 속에서,
우리는 잠시 멈추어 듣는다.
자연이 전하는 사랑의 이야기를.

하늘과 바람의 대화

바람이 물었다 "어디까지 나를 데려갈 건가요?"
하늘이 미소 지으며 답했다
"네가 원하는 곳까지 그 자유가 곧 너의 길이니까"

바람이 속삭였다 "나는 쉬지 않고 달려야 해요"
하늘이 조용히 말했다
"그 안에 멈춤도 담겨 있어야 네 길이 온전하단다."

하늘이 옷을 입었네

하늘이 옷을 입었네, 새벽의 살구 빛 옷을.
부드러운 안개가 옷자락을 감싸고,
이슬 맺힌 풀잎 위로 진주 같은 빛을 수놓았네.

햇살이 퍼지며 하늘은 푸른 옷으로 갈아입고,
초록빛 나무들이 그 옷자락에 기대어 춤추고,
새들은 맑은 노래로 리본을 얹었네.

한낮의 하늘은 선명한 파란색 천을 두르고,
구름의 흰 레이스로 가장자리를 장식했네.
바람은 그 옷자락을 흔들며 상쾌한 향기를 실어 오네.

저녁이 오면 하늘은 황금빛 비단을 걸치고,
붉은 노을이 꽃잎처럼 흩날리며 아름다움의 끝을 수놓네.
온 세상은 그 옷 아래서 평온하게 숨을 고르네.

밤이 되면 하늘은 깊고 진한 검은 옷을 두르고,
별들이 보석처럼 빛나며 그 위를 장식하네.
달은 은빛 왕관처럼 하늘의 중심에 자리를 잡고.

하늘이 옷을 입을 때마다 우리는 놀라움에 벅차,
자연이 펼치는 그 예술 속에서
마음 가득 평화와 감동을 느끼네.

하늘이 입은 옷은 날마다 새롭고 다채롭네.
우리의 삶도 그 빛깔처럼 다채롭기를 바라며,
우리도 비단 드레스를 입고 아름다움을 뽐냈으면 좋겠네.

저 하늘에 새긴 꿈

저 하늘에 새긴 꿈은
바람에 실려 흐르는 구름처럼,
가끔은 멀어 보이지만
결코 사라지지 않는 빛이네.

햇살이 비출 때마다
그 꿈은 더욱 선명해지고,
별빛 아래서도 고요히 빛나네.

어둠이 짙을수록
그 빛은 더욱 강하게 스며든다.
그 꿈은 내 마음의 나침반,

끝없는 길 위에서
나를 조용히 이끌어 주네.
폭풍이 몰아쳐 흔들릴지라도
하늘에 새겨진 그 약속은
나를 다시 일으켜 세운다.

저 하늘엔 나의 이야기가 남아,
매일 새롭게 쓰여지고 있네.
내가 그 꿈을 놓지 않는 한
그곳엔 언제나 나의 희망이 빛날 것이리라.

하늘과 맞닿은 길

하늘과 맞닿은 길을 걸을 때
구름은 발자국 뒤로 흘러가고
바람은 내 등 뒤에서 부드럽게 속삭인다

눈 앞에 펼쳐진 길 위로
햇살은 조용히 내려앉아
희망의 빛으로 그림을 그린다

산등성이 저편에서
하늘이 살며시 내려와 나를 반긴다
매 발걸음마다 들려오는
자연의 숨결은 내 마음을 감싸고
끝없이 이어지는 길 위에
내 이야기가 하나씩 새겨진다

이 길 위에서 나는 자유롭다
하늘과 땅이 하나 되는 이 순간
그 연결의 끝에서
나는 비로소 나 자신을 만난다

하늘과 맞닿은 길은 나를 부르고
나의 모든 것이 되어
끝없는 여정으로 이어진다.

하늘과 바람과 별과 시

이영하, 하늘을 가르는 그의 손길에
바람은 길동무, 별은 친구가 되고
전투기 날개 아래 펼쳐진 구름 사이로
우주의 신비가 그의 눈에 스며들었네

하늘을 나는 것은 단지 직업이 아니었지
그것은 그의 삶, 그의 호흡, 그의 꿈이었네
매번 이륙할 때마다 심장은
하늘의 자유를 더 높이 노래했네

별 헤는 밤, 달빛 아래 그는 깨달았네
하늘 아래 모든 것이 연결되어 있음을
자연의 숨결 속에서 그의 영혼은
기상의 언어로 더욱 깊게 울렸네

그는 시를 통해 하늘을 그렸네
구름은 그의 붓, 바람은 그의 먹물,
별빛이 그의 마음을 꿰뚫으며
하늘의 이야기가 시로 피어났네

이영하, 하늘의 시인이여
조종간을 잡은 그 손끝에서
자연의 아름다움은 우리에게 전해지고
그는 하늘과 바람과 별과 시를 사랑하네.

푸른 하늘에 쓰는 사랑 시

어느 시인은
사랑하는 사람을 그리며
그 사람의 가슴에 시를 쓰고
또 다른 시인은 상대가 없는
온 세상을 향해 시를 쓰지만
나는 내가 사랑하는
푸른 하늘 위에 사랑 시를 쓴다

푸른 하늘은
내 작은 멍든 가슴을 풀어 헤쳐
그동안 오래 잊고 지내던
꾀복쟁이 친구들의 장난기 어린 얼굴과
생사고락을 함께했던 전우들을 떠오르게 한다

인생은 구름같이 하염없이 흘러서 소멸하는 것
오늘도 맑고 푸른 하늘에 흰 구름이 흘러가면
아쉽도다!!
흔적 한점 없이 구름처럼 사라져 버릴
나의 인생, 나의 사랑 시!!!

- 연리지 사랑 나무
- 사랑은 믿음인거야!
- 사랑은 애물단지인가 봐
- 사랑의 지렛대
- 가슴앓이 속병
- 가을 연서
- 가을은 추억의 계절인가?
- 가을, 노래가 흐르는 계절
- 가을이 오는 소리
- 인연
- 타생지연
- 기다림
- 기다림의 미학
- 그리움이 비가 되어
- 그믐달과 샛별의 밀회
- 저녁놀
- 석양에 춤추는 바다
- 한가위 보름달을 바라보며
- 한가위 보름달
- 귀성길
- 겨울 사랑
- 추석 연휴의 아름다운 모습들
- 인생 문답

제2부
사랑과 그리움의 여정

연리지 사랑 나무

두 그루의 나무가 서로를 감싸며
뿌리 깊은 땅속에서 하나가 되었네.
바람이 불어도 흔들리지 않는 가지들,
그 속엔 우리 사랑이 깊게 스며들어 있어요.

내 손이 닿는 곳에 그대가 있고
그대 숨결이 내 심장을 울리죠.
햇살 속에서도, 폭풍 속에서도
우리는 서로의 그늘이 되어 자라왔어요.

연리지는 한 몸이 되어 어느새 우리도 같은 꿈을 꾸죠.
겨울의 눈보라에도 잎이 지지 않고,
우리는 나무처럼 굳건히 서 있어요.

때론 상처로 부러진 나뭇가지가 눈물처럼 흐를 때도 있었지만,
우리는 그 상처를 껴안아 더 강해졌고, 더 아름다워졌어요.
그대와 나는 이제 연리지,
서로의 영혼을 엮어 언제까지나 함께할 운명을 품고,
시간 속에 새겨질 우리의 이야기로
하늘까지 닿을 사랑 나무가 되어갑니다.

끝없는 계절의 흐름 속에서도 우리는 땅속 깊이 뿌리를 내리며,
하늘까지 뻗어가는 사랑 나무,
계절을 뛰어넘어 영원히 자라나리라.

사랑은 믿음인 거야!

사랑은 매일 아침 일어날 때
따뜻한 눈길로 서로를 맞이하는 것,
잠깐의 다툼에도 미소로 마무리하는 것,
말없이 내민 손에 담긴 무언의 약속이야.

비 내리는 날, 우산을 나누는 순간
우린 같은 길을 가겠다는 믿음,
거친 바람에도 흔들리지 않는 마음
그건 서로를 향한 진정한 믿음이지.

사랑은 완벽하지 않아도 괜찮아,
때로는 부족해도, 마음을 나누며
서로의 온기를 채워가는 과정이야.
기다림 끝에 피어나는 꽃처럼 말이야.

현실 속 작은 기적은 바로 여기,
서로를 믿고, 또 믿는 마음 안에 숨 쉬어.
사랑은 결국 믿음인 거야,
그게 우리를 영원히 이어주는 힘이니까.

사랑은 애물단지인가 봐

사랑은 애물단지인가 봐,
손에 쥐면 뭉클하고 따뜻하지만
조금만 틀어져도 아픔이 밀려오니
마음이 조각조각 부서지기도 하네.

처음엔 달콤한 속삭임으로 다가와
하늘을 나는 듯한 기쁨을 주지만,
때론 짐이 되어 어깨를 짓누르며
무거운 한숨으로 변하기도 하지.

마음속 깊이 자리 잡은 그대여,
사랑이란 이름의 애물단지가
우릴 울리고 웃게 하며 인생의 색을 더해주네.

어쩌면 우리는 모두 이 애물단지를 안고 살아가며
그 속에서 진짜 자신을 발견하는
여정을 걸어가고 있는지도 몰라.

비록 때로는 지치고 힘겨워도
사랑이 주는 작은 희망과 온기가
우리의 삶을 빛나게 하니
애물단지라 해도 난 포기하지 못 하리라.

사랑은 애물단지인가 봐,
그 속에 숨겨진 눈물과 웃음이
인생을 더욱 풍요롭게 만들어주니
오늘도 나는 그 애물단지를 안고 살아가리라.

사랑의 지렛대

어느 날, 나의 마음 깊은 곳에
작은 지렛대 하나가 놓여졌네.
너의 미소가 그 지렛대의 끝에 걸리자,
아무리 무거운 일도 가벼워지기 시작했어.

비바람이 몰아치는 날도,
너의 한마디가 세상을 들어 올리는 힘이 되었지.
때로는 지쳐 쓰러질 것 같아도,
그 지렛대는 부러지지 않아.
사랑이라는 단단한 마음이 그 축을 이루고 있기에.

우리는 서로의 삶을 들어 올리고,
함께 나아가고 있어.
작지만 강한 사랑의 지렛대가
우리의 하루를, 우리의 인생을,
더 높이, 더 멀리 들어 올리네.

그리고 나는 이 지렛대를 사랑해.
네가 함께해 주는 이 힘을
끝까지 간직할 거야.
우리의 사랑은 세상의 그 어떤 것보다도
강한 힘을 지니고 있으니까.

가슴앓이 속병

가슴 속 깊이 묻어둔 말 못할 이야기,
어디에도 꺼내지 못한 채 고여 있는 아픔은
무겁게 울리는 바윗돌 같아.
하루하루, 몸은 멀쩡히 움직여도 마음은 늘 아프다.

차마 입 밖에 내지 못한 사연들은
가슴속에 불씨처럼 남아 서서히 타들어 간다.
누군가 알아주길 바라지 않았지만
알아주는 이 하나 없는 것도 서럽고,
속병은 차곡차곡 쌓여
얼굴에 웃음 대신 그림자를 남긴다.

어디에 손을 얹어야 덜 아플 수 있을까.
어느 길모퉁이에서 이 아픔을 덜어낼 수 있을까.
사랑도, 슬픔도 다 지나간 후에
남은 건 이 속병뿐이라니.

가슴앓이는 밤마다 더 깊어지고,
아무도 모르게 나 홀로 삼킨 눈물은
차곡차곡 쌓여 어느새 나를 지운다.

가을 연서

가을바람이 살며시 불어올 때,
나뭇잎 사이로 속삭이는 너의 목소리가 들리고.
우리 함께 걸었던 그 길 위에
잊을 수 없는 이야기들이 낱낱이 흩어져 있지.

노랗게 물든 은행나무 아래서
처음 손을 잡았던 그 순간,
서툴렀던 우리의 대화는
지금도 마음 깊숙이 따뜻하게 남아 있어.

바람이 서늘해질수록
서로에게 더 가까이 다가갔던 우리,
웃음 가득한 눈빛, 조용히 이어진 발걸음,
그 모든 것이 가을의 선물이었어.

삶은 마치 가을과 닮아 있어,
잊혀지는 것 같아도,
그 속엔 깊은 사연이 담겨 있어.

너와 나, 우리 둘만의 이야기가
계절 속에 녹아 스며든 연서처럼.
오늘도 가을은 너의 이름을 부르고,
나는 그 속에서 우리 지난날을 기억하고 있어.
사랑은 이렇게 가을빛으로 물들어가는 거야.

가을은 추억의 계절인가?

가을은 낙엽처럼 추억을 떨구는 계절인가?
바람이 스칠 때마다 지난날의 이야기들이
나무에서 떨어져 내리듯 내 마음속으로 쌓여간다.

황금빛 들판을 걷다 보면 어린 시절 논두렁에서
흙내음을 맡으며 뛰놀던 기억이
가을 햇살 속에서 다시 피어난다.
저녁노을 붉게 물든 하늘은
가슴 아릿한 이별을 떠올리게 하고,
하늘 높이 날아가는 새들은
언젠가 흩어진 인연들을 불러오네.

추억은 낙엽처럼 쌓이고,
가을의 바람은 그 낙엽을 흩날리며
한 장 한 장 되돌아보게 한다.
가슴속 깊이 묻어둔 감정들이
가을의 손길에 깨어나는 계절.

그래, 가을은 추억의 계절이네.
잊고 있던 사랑과 그리움이
바람 속에서 다시 춤추고,
그 모든 순간이 황금빛으로 빛나는,
우리 삶의 이야기책 한 페이지.

가을, 노래가 흐르는 계절

가을이 내리면,
바람 속에 노래가 피어나
나뭇잎마다 선율이 흐른다.

황금빛 들녘을 넘어
콘서트 홀마다 노래가 깃든다.
한 소절, 한 음표,
모든 것이 가을의 일부가 되어
마음 깊숙이 스며드는 울림.

무대 위엔 목소리가 꽃을 피우고
관객들의 숨결은 그 속에 젖어 든다.
가을밤의 차가운 공기 속,
따뜻한 노래는 별빛처럼 빛나고
낙엽처럼 흩어진 감정들이
하나의 멜로디로 모여든다.

이 계절엔,
가을의 노래가 바람을 타고
영원히 우리 곁을 떠돌며
우리 마음을 살포시 두드려준다.

가을이 오는 소리

가을이 오는 소리
어디로부터 오고 있을까 !!
태백산에서 신령하게 인간 세상으로 내려오는 것일까?
제주도 남단에서 바람으로 밀려 들어오는 것일까?
갈잎 떨어지는 바스락 소리에서일까,
생을 마감해야 하는 애절함으로 울어대고 있는
귀뚜라미 울음소리에서부터일까,
하여튼 가을은 소리 없이
한반도에 조용히 내려앉고 있다.

가을이 오는 소리
어디로부터 오고 있을까!!
인근 산사의 이른 새벽 풍경소리를 타고 오는 것일까?
아름다운 사연을 실어 놓은
작은 시냇물을 타고 오는 것일까?
달 밝은 밤에 찬 서리 맞으면서 꺼우 꺼우
날고 있는 기러기의 애잔한 울음소리에서일까,
밀고의 화신인 갈대가 바람에 나부끼면서 만드는
비밀스런 속삭임에서부터일까,
어쨌건 가을은 그렇게 조용히 다가와서
세상에 제자리를 잡고 있다.

인연

인연은 실처럼 얽히고설켜
우리 삶의 한 자락에 묶여 있네,
우연인 듯 다가오는 사람도,
운명처럼 스며드는 순간도
모두가 보이지 않는 선에 의해 엮여 있지.

행복은 아마도 그 인연 속에서 피어나고
불행 또한 그 뿌리에서 솟아나는 것일지도 몰라,
어떤 만남은 따뜻한 햇살처럼 다가와
우리를 빛으로 감싸주고,
어떤 인연은 바람처럼 스쳐 지나가며
차가운 흔적을 남기기도 하지.

그러나 우리는 알 수 없네,
어떤 인연이 우리를 어디로 데려갈지,
작은 미소 하나, 무심한 눈길 하나가
어느 날 새로운 길을 열어주기도 하고
때론 문을 닫아버리기도 하니까.

그래서 인연은 축복이자 숙명이야,
우리의 삶은 그 실타래 속에서 풀려나고
엉킨 매듭 속에서도 배워가는 것.
행복과 불행은 결국 그 인연의 색깔을 따라
우리에게 다가오는 그림자와 빛이 아니겠나.

타생지연(他生之緣)

옷깃을 스친 바람 한 줄기에
천 년 전 우리의 인연이 깨어난다.
눈빛이 닿을 때마다
전생의 기억이 스며들어,

타생지연, 우연 아닌 필연.
거리의 소음 속에서도
그대의 목소리는 선명히 들려온다.

익숙한 음색, 전생의 잔향처럼
서로의 손끝이 닿을 때,
옛 기억이 다시 피어난다.

그리움이 아닌 익숙한 감각,
타생지연, 우리를 잇는 고리,
이 세상 너머에서 시작된
시간과 공간을 초월한 인연.

옷깃을 스친 작은 만남이
깊은 연이 되어
끝없이 이어질 우리의 이야기,
영원의 선율 속에
타생지연은 계속 노래하네.

기다림

기다림은 조용한 강물처럼 마음속 깊이 흐르는 물결,
그 끝을 알 수 없는 긴 여정 속에서
때로는 고요히, 때로는 조급하게 우리를 시험하네.

시간의 바람이 불어와도, 기다림의 나무는 꿋꿋이 서 있어,
마음의 열매를 한 알 한 알 맺으며
그 의미를 조금씩 풀어 놓네.

기다림 속에는 꿈이 자라고,
희망의 새싹이 튼튼하게 뿌리내리며,
기다림의 끝에서 만날 순간을 상상하며 미소 짓게 하지.

언젠가는 만날 그날을 위해,
기다림은 인내를 가르치고, 사랑의 진정한 가치를 알게 하며,
설렘이 가득한 준비의 시간을 선물하네.

기다림이라는 긴 터널을 지나 드디어 마주한 순간의 빛은
그 어떤 말로도 형용할 수 없는
가슴 벅찬 감동을 안겨주지.

그래, 기다림은 시간을 뛰어넘어
우리에게 사랑과 인생의 깊이를 가르치며,
기다린 만큼 더욱 빛나는 순간들을
우리 삶 속에 선물로 남겨주네.

기다림의 미학

바람에 흩날리는 나뭇잎처럼,
시간은 조용히 흐른다.
아직 오지 않은 그날을 향해,
우리의 마음은 기다림 속에 차분히 숨 쉰다.

눈부신 해가 떠오르길 기다리는 새벽,
그 순간의 고요함 속에서 희망은 더욱 빛난다.
기다림은 단순한 정지의 순간이 아닌,
다가올 아름다움을 위한 준비다.

봄을 기다리는 겨울나무처럼,
눈 속에 묻힌 꽃들이 깨어나길 기다린다.
차가운 땅속에서 피어날 따뜻한 기운을,
기다림의 끝에서 만날 새로운 생명을.

기다림은 인내의 다른 이름,
흘러가는 시간 속에서 의미를 찾고,
마음속에서 싹트는 기쁨을 느낀다.
그리움과 기대가 섞인 기다림 속에서,
우리는 더 깊은 사랑을 배운다.

오지 않은 것을 향한 기다림,
그 순간의 미학 속에서 우리의 삶은 더욱 풍요로워진다.
기다림은 곧 완성될
아름다움의 또 다른 이름인 것을.

그리움이 비가 되어

그리움이 비가 되어 내리면
내 마음도 조용히 젖어 들어요.
창밖을 스치는 빗방울 소리,
그 속엔 당신의 목소리가 숨어 있는 것 같아요.
말없이 흘러내리는 그리움의 빗줄기가
내 가슴속 깊은 곳까지 스며들지요.

먼 하늘을 바라보면
당신과 나눈 기억들이 구름처럼 떠올라 눈앞에 그려져요.
하지만 잡을 수 없는, 그저 스쳐 가는 한순간의 바람처럼
당신은 그렇게 멀어져만 가요.
비는 멈추지 않고 내리지만, 그리움 또한 멈추지 않네요.

그리움이 비가 되어 내릴 때마다
나는 그 안에서 당신을 찾으려 해요.
이 빗속 어딘가에 당신의 흔적이 있을까,
손끝에 닿을 듯, 그러나 닿지 않는 그리움.
비가 그치고 나면, 땅에 남은 물웅덩이처럼
내 마음에도 그리움이 고여 남아 있겠죠.

그리움이 비가 되어 언제까지나
내 곁에서 머무를 것만 같아요.
그리움은 비처럼 흩어지고

비는 그리움처럼 끝없이 내리지만
그 안에서 나는 당신을 다시 한번 떠올리며
이 비를 맞고 서 있어요, 조용히, 그리고 천천히.

그믐달과 샛별의 밀회

새벽의 고요 속,
그믐달이 은밀히 미소를 짓고,
샛별은 수줍게 빛을 뿌리고 있네.

아직 잠들지 못한 밤하늘 아래,
별들이 속삭이며 비밀스런 이야기를 나누네.
북극성은 질투 어린 시선으로
늘 그 자리에서 두 연인을 지켜보지만,
동쪽 하늘엔 샛별이 천천히 떠오르며
달의 품을 떠나 태양을 부르고 있네.

금빛 샛별, 여명의 전령사,
달의 속삭임을 마지막으로 간직한 채
새벽하늘을 물들여 가고 있네.
그믐달과 샛별의 은밀한 밀회는
어둠과 빛이 만나 이루는 찰나의 연가.

이 순간, 하늘에 피어난 그들의 사랑 속에서
내 마음도 빛과 어둠의 경계에 머물며
짧은 꿈을 꾸듯 잠시나마 쉬어가려고 하네.

저녁놀

저녁놀 아래 전투의 날개를 펼쳤던 그때,
저녁놀 아래 전투의 날개를 펼쳤던 그때,
하늘을 나는 것은 우리의 임무, 전투 초계의 순간.
높이, 더 높이, 세상과 하늘이 만나는 곳에서,
저녁놀이 그려내는 그림, 아름다움에 숨이 멎을 듯.

전투 조종사로서의 생활, 긴장과 짜릿함 속에서도,
저녁 하늘의 붉은 빛은 평화의 순간을 선물하네.
하늘 위, 구름 사이로 비추는 마지막 빛줄기,
그 눈부신 광경, 전투의 어둠을 잠시 잊게 해주네.

추억은 시간을 넘어 여전히 마음속 깊이,
그때 그 하늘, 그 저녁놀, 영원히 잊을 수 없는.
비행을 마치고 돌아올 때마다 마음속에 새겼던,
평화로운 석양의 순간들, 전투 조종사의 소중한 휴식.

지금도 그 기억은 나의 마음속에 뚜렷이,
전투의 하늘을 날던 그 시절을 회상하며.
저녁놀 속의 평화, 기계음의 소란 속에서도
잠시나마 내 마음을 어루만져 주던 그 아름다움.

그 시간, 그 순간, 모든 것이 멈춘 듯한 평온,
하늘에서 바라본 저녁놀, 전투 조종사의 눈에는
가장 숭고한 장면으로 지금도 내 마음을 가득 채우네.
저녁놀 아래에서 찾은 평화, 잊을 수 없는 추억 속에서.

석양에 춤추는 바다

석양이 하얀 속살 번지는 바다 위로 내려앉을 때,
금빛 물결이 춤을 추네요.
태양과 바다가 살을 섞어
하늘과 물의 경계를 흐릿하게 만들어요.

밀려오는 파도는 붉게 물들고,
해변에 던져진 그림자는 길어져
가라앉는 빛 속에서 서로를 부르며
그만의 언어로 이야기를 나누네요.

바다는 태양을 품에 안고,
불타오르는 듯한 사랑의 무도회를 벌여요.
그 춤사위는 강렬하여 핏빛으로 물들어 가며,
순간의 아름다움은 영원으로 변해가네요.

석양의 마지막 빛이 바다에 비치며,
모든 것이 잠시 멈추어 서서
이 눈부신 광경에 숨을 죽이네요.

오늘 밤, 석양에 춤추는 바다가
세상 모든 슬픔을 씻어내고
그 불타는 색으로 위로를 건네면,
마음 한편에 평화가 내려앉을 거예요.

태양이 바다속으로 사라지면,
남겨진 것은 적막과 함께 아련한 불빛의 회상뿐.
그리고 그 기억이 새벽을 기다리는 이들의 꿈속에 스며들지요.

한가위 보름달을 바라보며

한가위 밤, 둥근 달이 하늘에 뜨면
어머니의 미소가 생각나네,
그 넉넉한 품에 안기듯
우리가 모여 따스함을 나누던 날들.

둥근 달빛 아래 펼쳐진 고요한 들녘,
가을바람은 살며시 불어와
지난날의 그리움들을 어루만지듯
우리를 감싸 안아주네.

보름달은 여전히 찬란히 빛나고
멀리서 들려오는 풍요의 노래는
우리 마음속 소망을 하나로 엮어
조국과 가족의 행복을 기원하게 하네.

달아, 달아, 저 하늘 높은 곳에서
너의 빛을 우리에게 내려주어
지친 마음에 위로를, 서로에게 사랑을,
그리고 내일을 향한 희망을 심어주길.

한가위 보름달

한가위 밤하늘에 떠오른 보름달,
고향의 들판을 은빛으로 물들여
어릴 적 뛰놀던 그 마당이 떠올라
가슴 속에 따뜻한 바람이 분다.

할머니의 손길 따라 빚던 송편,
장작 타는 소리에 얽힌 웃음소리,
달빛 아래 퍼지던 그 고소한 냄새,
지금도 그대로 내 마음에 새겨져 있다.

저 멀리서 반짝이는 별들이
마치 옛 친구들의 눈빛 같아
한참을 바라보다 보면,
고향의 푸근한 품에 안기는 기분이 든다.

한가위 보름달은 말이 없지만
그 안에 담긴 이야기는 끝이 없네,
고향의 길, 그리움의 노래를 부르며
늘 우리를 집으로 데려가는 달.

오늘 밤도 그 둥근 달을 보며
가슴 깊이 새긴 고향을 그리워하네.
달빛 따라 피어나는 추억들,
그곳엔 늘 내 마음이 머물고 있다네.

귀성길

아침 이른 햇살이 도로 위에 내려앉으면
설레는 마음들이 하나둘씩 길을 채우네.
멀어졌던 고향의 품,
그리움에 가득 찬 이들의 발걸음은
끝없이 이어진 길 위에 새겨지네.

차창 너머로 스치는 들판과 산들,
추억 속에 남아 있던 그곳들이
가까워질수록 마음은 따스해지고
어머니의 손맛이, 아버지의 따뜻한 미소가
마치 기다리고 있는 듯 느껴지네.

느리게 흐르는 시간 속에서도
피곤한 눈가에 스며드는 기대,
한번 더 나누는 가족의 이야기,
짧은 통화 너머로 들리는 반가운 목소리.

귀성길은 고단함도 있으나
그 길 끝에서 기다리는 사랑은
모든 피로를 잊게 하고
우리 모두를 다시금 한자리에 모으네.

이 길은 다시 집으로 향하는 여정,
수많은 별 들이 빛나는 밤하늘처럼

귀성길은 우리 마음속에서
고향의 온기와 함께 찬란히 빛나네.

겨울 사랑

백설이 난분분하게 내려도
그대 향한 내 마음은 더욱 뜨겁게 타오르네.
차가운 바람이 살을 에어도
그대 곁에 머물기 위해 나는 이 길을 걸어가리라.

눈 내린 겨울, 세상은 고요하건만
내 안의 사랑은 거친 폭풍,
그대 없이 지날 수 없는 이 겨울,
그대 손끝에 닿을 때까지 어떤 인고의 아픔도 참아내리라.

얼어붙은 대지 위에 서서
수많은 눈발을 맞으며 나는 다짐하네,
그대가 나의 봄이 될 때까지
내 사랑은 절대로 식지 않으리라고.

칼바람이 몰아쳐도 그대 향한 길을 멈출 수가 없네,
온 세상이 어둠에 갇혀도 나는 그대의 빛을 따라가리라.
겨울의 깊은 밤, 어두운 하늘 아래 흰 눈이 가득 쌓일지라도
우리의 사랑은 그 모든 것 위에 찬연히 피어나리라.
추위에 흔들리지 않는 불멸의 꽃처럼.

그대여,
이 겨울의 끝자락에서 내 사랑을 받아주오.

백설이 녹아내려도 우리는 변함없이 함께할 것을,
우리의 따뜻한 봄이 오기까지는
나는 그대 곁에서 지금처럼 머무르리라.

추석 연휴의 아름다운 모습들

둥근 달이 하늘 높이 걸리면
가을바람은 살랑살랑,
들녘은 황금빛으로 물들고
우리는 그 속에 다시 모인다.

길게 늘어선 고향 가는 길,
기다리던 얼굴들이 하나둘 모여
도란도란 이야기꽃을 피우고,
손끝으로 빚어낸 송편은
달처럼 빛나는 사랑의 맛을 담는다.

옛날이야기가 한 자락씩 흘러나오고
아이들의 웃음소리는 집안 가득 퍼져,
차례상에 올리는 정성은 조상님들의 미소와 함께한다.
달빛 아래 마당에는 강강술래의 동그라미가 커지고,
기억 속 어머니의 손맛은 오늘도 따뜻한 밥상에 스며 있다.

추억은 짙어지고, 가족의 정은 따스하게
우리의 마음을 감싸는 밤.
한가위 보름달처럼 가득 찬 사랑으로
우리는 또 한 해를 함께 보낸다.

인생 문답

인생은 질문과 답으로 이어진 긴 여정,
어린 시절엔 하늘이 왜 푸른지,
별은 왜 반짝이는지 묻던 날들.
자라며 우리는 더 깊은 질문을 맞이한다,

어디로 가야 할지, 무엇이 중요한지.
사랑은 무엇인가, 행복은 어디에 있는가,
인생의 곡선 속에서 우리는 답을 찾고,
때론 대답할 수 없는 질문들이
우리를 멈추게 하네.

삶의 본질은 무엇인가, 왜 우리는 여기에 있는가,
깊은 사색 속에서 진정한 나를 만나게 된다.
세월이 흘러, 우리는 깨닫게 되리라,
모든 질문이 우리를 더 나은 곳으로 이끌었음을.

인생의 답은 하나가 아니고,
작은 순간들 속에 숨겨져 있음을,
함께 살아가는 이 순간이
가장 소중한 답임을 알게 된다.

오늘도 우리는 또 하나의 질문을 품고,
서로의 이야기에 귀 기울이며
내일의 답을 찾아 나아간다.

- 고요 속의 외침
- 깨달음의 길
- 통일의 새벽
- 인생은 선택의 연속
- 삶의 언저리를 휘돌아
- 한 획의 차이
- 이해와 오해
- 방파제의 숙명
- 덕담의 힘
- 좋은 습관, 나쁜 습관
- 좌우명
- 빛과 어둠
- 사실과 당위
- 명절의 뒤끝, 마음 다스리기
- 명절 뒤의 남은 마음들
- 가을 역
- 가을의 기도
- 숙면
- 자작시에 대한 시적 쿠데타
- 인공지능 돌봄 로봇
- 투표
- 코리아 둘레길

고요 속의 외침

침묵은 깊었다.
모든 소리가 사라진 그 순간,
나의 가슴속에서 울려 퍼지는 하나의 외침,
들리지 않는 외침이 하늘을 찢을 듯 강렬하게 번져 나갔다.

그 누구도 듣지 못했으나 그 외침은 멈추지 않았다.
고요 속에 갇힌 나의 영혼은 더 이상 억눌릴 수 없었고,
자유를 향한 갈망은 침묵 속에서 더욱 커져만 갔다.
보이지 않는 쇠사슬이 나를 옭아매었지만,
나는 그 속에서 자유의 길을 찾고 있었다.

바람은 멀리서 속삭이고, 하늘은 무언으로 열려 있었으나
내 안의 외침은 하늘을 가로질러 무한한 공간으로 퍼져나갔다.
고요는 나의 외침을 더 강하게 만들어,
그 소리 없는 힘이 하늘을 갈랐다.
고요 속에서 우리는 하나가 되었다.

외침은 멈추지 않았다.
고요 속에서 피어난 그 열망은
이제 더 이상 내 안에 갇혀 있지 않았다.
그것은 나와 우리의 모든 존재를 넘어
끝없는 자유를 향한 길을 열어주었고,
마침내 우리는 그 길 위에 섰다.

고요 속에서, 나는 깨달았다.
자유는 외침 속에서가 아니라
침묵 속에서 더욱 강하게 피어난다는 것을.
그리하여 우리는 침묵 속에서도 자유를 부르리라.
그 외침은 하늘에 닿아 우리가 꿈꾸던 자유의 날을 불러오리라.

깨달음의 길

길을 떠나는 순간 나는 내 안의 어둠과 마주했다.
스스로 걸어왔던 수많은 발자국은
바람에 녹아들어 소멸하고 남은 것은 고요한 침묵뿐.
생은 시작과 끝이 아니었다.

가느다란 실처럼 이어진 순간들이 영원의 틈새로 사라질 뿐,
사라짐조차도 존재함 그 자체였다.
삶은 그저 흐르고, 죽음은 그 길 위에 놓인
단 하나의 쉼표였을 뿐.

나는 묻는다. 이 짧은 생의 의미가 무엇인가,
내가 걸어온 이 길의 끝은 어디에 있는가.
그러나 대답은 없었다.
답은 처음부터 내 안에 있었으니, 그것을 찾는 과정이 곧 깨달음
이리라.

길 위에서 만난 고통과 슬픔은 결코 우연이 아니었고,
슬픔의 무게가 나를 밀어 올렸다.
그 언덕 너머엔 끝없는 하늘이 있었고, 하늘 속에서 나는 나 자신
을 보았다.

그제서야 나는 알았다.
깨달음이란 어딘가에 도달하는 것이 아니라,

그저 존재하는 것이리라고.
내가 나인 그대로 허물어지는 나와 새로워지는 나를
있는 그대로 받아들이는 순간 나는 비로소 그 길 위에 섰다.

길은 곧 나였고, 나의 걸음 하나하나가 우주 속에 새겨진 빛나는 별이었다.
그렇게 나는 생과 사의 경계를 넘어 진정한 자유와 평화를 만났다.
깨달음의 길, 그것은 먼 곳에 있지 않고 내 안에 숨겨진 작은 빛, 그 빛을 따라 나는 무한한 하늘로 나아간다.
이제 나는 그저 나의 길을 묻지 않고 걸어가리라.

통일의 새벽

어둠이 깊을수록 새벽은 가까워진다.
분단의 긴 밤, 그 속에서 우리는 서로의 얼굴을 잃었지만
결코 잃지 않았던 것은 하나의 이름, 조국이었다.

어둠 속에서 우리를 인도하는 별빛처럼
보이지 않으나 꺼지지 않는 우리의 꿈,
그 꿈은 통일이었다.

나누어진 대지 위에 새긴 상처,
그러나 그 상처 위로 다시 피어나는
희망의 새싹은 여전히 자라고 있었다.
나는 하늘을 날며 본다,
이 땅의 분단은 우리의 고통이지만,
그 고통은 우리를 더 단단하게 엮었다.

강철 같은 의지로 우리는 다시 하나가 될 것이다.
저마다의 아픔을 넘어 서로의 손을 잡고 일어설 그날,
새벽은 밝아오리라.
통일의 새벽은 단지 시간이 흐르기를 기다리는 것이 아니다.
그것은 우리가 만들어 가는 것이다.

우리의 피와 땀, 그리고 한마음으로 모인 열망이
새벽의 첫 빛이 되어 이 땅을 가로지를 것이다.
새벽의 빛이 오면, 남과 북은 하나의 그림자가 되고

그 그림자 위로 펼쳐진 푸른 하늘,
그 속에서 우리는 다시금 하나의 민족으로 서리라.

그것은 한용운의 염원이자, 나의 비상이 되리라.
우리의 새벽은 지금도 저 너머에서 숨죽이며 기다린다.
우리가 손을 내밀 때, 그 빛은 우리를 향해 달려오리라.
그리고 마침내, 우리는 조국의 이름 아래 하나가 되어
하나의 빛 속에서 통일의 새벽을 맞이하리라.

인생은 선택의 연속

하얀 눈이 내리는 오늘,
우리의 발자국은 두 갈래 길 위에 멈춘다.
어디로 갈 것인가?
그 순간, 선택이 우리의 길을 정한다.

어린 시절엔 작은 선택이,
마치 돌멩이 던진 호수처럼
잔잔히 퍼져 나가며
미래의 바다를 그린다.

직업, 배우자, 인생관,
이 세 갈래 길에서 우리는 누구를 만나고,
무엇을 배우며, 어디로 향할지 정한다.

스펜서 존슨의 책처럼
삶은 분명 '선택'의 교과서다.
평생 14억 6천만 번의 선택 속에서
하루 5만 번의 작은 길목을 지나,
그 모든 것이 모여 우리의 현재를 만든다.

잘못된 길로 들어서도 괜찮다.
길은 언제나 이어지고, 눈은 흔적을 덮어준다.
중요한 건 매 순간, 스스로 묻는 것이다.

"나는 어디에 서 있는가?
무엇을 위해 선택했는가?"
선택은 삶의 예술이니 붓을 들어 자유롭게 그려라,
후회보다는 새로운 길로 이어지는 희망의 선을.

삶의 언저리를 휘돌아

삶의 언저리를 휘돌아,
우리가 걷는 길은 때로는 험하고, 때로는 평탄한 듯 보여도,
그 안에는 수많은 이야기들이 숨쉬고 있네.

삶의 언저리를 휘돌아, 때로는 기쁨의 순간을 마주하며,
하늘을 날 것 같은 환희에 젖고, 때로는 슬픔의 골짜기를 지나며,
눈물 속에서도 빛나는 희망을 찾네.

삶의 언저리를 휘돌아 우리는 성장하고 변화하며,
실패 속에서도 배움을 얻고,
성공의 달콤함 속에서도 겸손을 배우네.

삶의 언저리를 휘돌아 사랑과 이별의 순간들을 경험하며,
사람들의 따뜻한 손길에 위로받고,
홀로 서야 하는 시간 속에서 강해지네.

삶의 언저리를 휘돌아 우리는 서로의 이야기를 나누며,
공감의 힘을 느끼고, 함께하는 길의 소중함을 알게 되네.
삶의 언저리를 휘돌아 오늘의 나와 어제의 나를 비교하며,
조금씩 더 나아가는 모습을 발견하고, 앞으로 걸어갈 내일을 그려
보네.

삶의 언저리를 휘돌아 우리는 모두 자신만의 길을 찾아,
때로는 넘어지고 다시 일어서며, 끊임없이 걸어가는 여행자일 뿐.

삶의 언저리를 휘돌아 그 끝이 어디일지 모르지만,
매 순간의 소중함을 마음에 새기며,
우리의 이야기를 계속 써 내려가네.

한 획의 차이

한 획이 달라지면
그것은 단어의 의미를 뒤바꾼다.
점 하나가 모여 전혀 다른 세상이 되고,
획 하나가 더해지면 평범했던 말이 깊어진다.

'사랑'과 '상처',
한 획이 변하면 마음의 풍경도 함께 뒤집힌다.
인생도 그러하다,
작은 선택 하나가 전혀 다른 길을 만들어 내는 것처럼.
우리는 매일 한 획을 그으며 살아간다.

어느 순간의 사소한 결정이
마치 붓끝처럼 우리 삶을 형성하고, 정의하며
때론 그 획 하나가 모든 것을 바꾸기도 한다.

획을 더할지 말지, 그 선택은 늘 우리 손안에 있다.
한 획의 차이로 우리는 새로운 꿈을 꾸고,
다른 삶을 살아간다.

그래서, 인생은 결코 거대한 도약이 아니라,
작은 획 하나에서 시작되는 세밀한 변화의 예술이다.
그 한 획이 우리를 어디로 데려갈지는
아무도 모른다.

이해와 오해

이해와 오해는 마치 나란히 선 그림자처럼,
우리는 그 경계가 어디인지
알지 못한 채 하루를 살아간다.

한 걸음 뒤로 물러서면
모든 것이 명확해질 듯하지만,
때론 가까운 눈길 속에서도
진실은 오해로 휘감겨 버린다.

말은 울림이 되어 떠돌고
누군가는 진심을 담아 전하지만,
듣는 이의 마음속에선 그 진심이 왜곡되어 퍼지기도 한다.

이해의 꽃은 멀고, 오해의 가시들은 손끝을 찌른다.
그 틈에서 우리는 비틀거리며
진실을 찾으려 애쓰지만
늘 혼돈 속에서 허우적댄다.

가까운 듯 멀리 있는 두 명제,
그 사이에서 우리는 서로의 마음을 엿보며
실타래처럼 얽힌 관계를 풀어나간다.

어쩌면 이해란, 끝없는 노력의 결과이고
오해란, 잠시 방심한 순간에
불쑥 자라나는 그림자일지도 모른다.

방파제의 숙명

거친 파도에 맞서선
무언의 거인, 방파제여,
너는 그 자리에서
우리를 지키려 몸을 던진다.

바람의 분노 속에서도
파도의 위협 앞에서도
한 발자국도 물러서지 않으니,
너의 상처는 그저 바람에 흩어져 간다.

세상은 네 존재를 잊고 살지만
깎이고 부딪히는 너의 운명,
단단함 속에 흐르는 눈물은
아무도 보지 못한 채 스며든다.

우리가 편안히 누운 시간 속,
너는 불안과 싸우며,
다시 일어서는 숙명을 안고 고요를 지킨다.

감사의 말 한마디 없이,
네가 없었다면 우리의 세상은
얼마나 무너졌을까?
오늘도 넌, 무언의 방패로서 묵묵히 서 있겠지.

덕담의 힘

한마디 덕담이 마음에 씨앗처럼 뿌려져
한 사람의 하루를 밝게 비추네.
따뜻한 말 한마디가 마치 봄비처럼 스며들어
마음을 기름지게 하고, 생각을 맑게 가꾸지.

덕담은 소박하지만, 그 속에 담긴 힘은 크다.
희망을 심고, 용기를 키우며,
무거운 마음을 가볍게 하는
말의 마법이 있지.

힘들 때, 지칠 때 따뜻한 덕담 한마디가
지친 영혼을 일으키고
삶의 길을 다시금 밝혀주네.

그 말속에 담긴 진심이 마음의 울림으로 남아
오래도록 기억되지.
덕담은 사람과 사람을 잇고,
그 마음을 꽃피우게 하는
작지만 강한 힘이야.
그 말 한마디로
세상은 조금 더 따뜻해지리라.

좋은 습관 나쁜 습관

습관은 우리의 날개,
삶의 길을 이끄는 불빛.
좋은 습관, 나쁜 습관, 그 차이가 운명을 가른다네.

매일 아침 일찍 일어나 맑은 공기를 마시며 시작하는 하루.
긍정의 마음, 성실한 자세,
그 모든 것이 좋은 습관의 선물.
책을 읽고, 운동을 하고, 소중한 사람들과의 시간을 나누며,
작은 노력들이 모여, 큰 변화를 만들어내네.

하지만 나쁜 습관, 그 유혹은 달콤해,
편안함 속에 숨어 있는 덫.
게으름, 무관심, 부정적인 생각, 그 모든 것이 우리를 속박하네.

조금씩 미루는 일들, 몸에 배인 불필요한 걱정들.
그렇게 우리는 나쁜 습관에 잠식되어,
소중한 시간 들을 흘려보내네.

습관은 우리의 그림자, 매 순간 우리와 함께하지.
좋은 습관은 빛이 되어 우리를 더 나은 사람으로 이끌고,
나쁜 습관은 어둠이 되어 우리의 발걸음을 무겁게 하네.

그러니 오늘, 이 순간부터 스스로를 돌아보고 다짐하자.
작은 변화, 꾸준한 노력, 그 안에서 우리는 성장하리니,
좋은 습관을 가꾸며 빛나는 내일을 향해 나아가자.

좌우명

좌우명은 바다의 등대,
어두운 밤길을 걸을 때
우리를 흔들리지 않게 비춰주는 빛이다.

인생의 폭풍 속에서도
그 빛을 따라가면 길을 잃지 않는다.
삶에 좌우명이 있는 사람은
마치 튼튼한 배를 타고 거친 파도 속을 항해하는 선장처럼
어떤 역경도 흔들리지 않는다.
그 명제가 그들의 나침반이 되어
희망의 섬을 향해 항로를 잡아준다.

좌우명 없는 사람은 떠다니는 낙엽처럼,
바람 부는 대로 이리저리 흔들리며
방향을 잃고 표류하지만, 명확한 목적을 가진 이는
자신의 길을 찾아 확고하게 나아간다.

작은 신념일지라도 우리 삶의 뿌리가 되고
그 신념을 지킬 때마다
우리는 더 넓고 깊은 삶을 누리게 된다.

좌우명은 우리가 살아가는 동안
가장 빛나는 별이 되어
앞길을 밝혀주는 소중한 길잡이가 아니겠는가.

빛과 어둠

빛과 어둠은 서로의 그림자,
하나가 사라지면 다른 하나가 찾아오는 법.
우리는 그 사이를 걸으며 빛에 기대고,
때론 어둠에 몸을 의지한다.

빛은 우리를 감싸며 눈부신 희망을 안겨주지만
그 눈빛 아래서는 아무도 보지 못한 상처가 깊어진다.
어둠은 차가운 듯해도 그 안에선 비로소
우리가 숨겨왔던 진실들이 조용히 모습을 드러낸다.

삶은 빛만으로 채워지지 않고
어둠 속에서도 새로운 길이 열리듯
우리는 그 둘의 경계에서 스스로를 찾는다.
빛은 방향을 보여주고 어둠은 쉼을 허락한다.
그 어느 하나도 결코 나쁘지 않음을,

우리는 이 두 가지의 춤 속에서 조화롭게 살아간다.
때로는 빛이 어둠이 되어 우릴 감싸줄 때도 있고,
어둠이 빛이 되어 다시 희망을 줄 때도 있다.
그 둘은 늘 함께
우리를 이끌어가는 동반자가 아닌가

사실과 당위

사실은 차갑고 단단한 돌처럼
그 자리에 묵묵히 서 있지.
그 누구도 부정할 수 없는 존재의 증거,
흐르는 강물처럼 당연한 것들.

하지만 당위는 그 돌 위에 새겨진 보이지 않는 뜻,
마땅히 이래야 한다는 우리 마음의 나침반이야.
어디로 향할지 알 수 없는 바람처럼 우리의 생각을 이끌고,
미래를 열어가는 힘이 되지.

사실은 언제나 여기 눈앞에 놓인 현실.
그것을 외면할 수는 없지만
단지 사실만으로 우리는 만족할 수가 없어.

당위는 우리가 꿈꾸는 방향,
더 나은 세상을 향한 갈망.
사실의 틀 안에서 당위는 날개를 펴고
우리를 더 높은 곳으로 이끈다.

사실은 지금 이 순간의 나,
당위는 내일을 향한 나의 열망.
우리는 그 사이를 오가며 균형을 찾으려는 여정에 서 있지.

마땅히 걸어가야 할 길은 사실과 당위가 만나는 지점,
그곳에서 우리는
비로소 진정한 나를 마주하게 될 거야.

명절의 뒤끝, 마음 다스리기

명절이 지나고,
집안 곳곳에 남은 웃음과 소음은
마치 사라지지 않는 잔향처럼 마음을 가득 채우네.
반가웠던 얼굴들과 나눈 말들,
그 속에 숨겨진 무거운 질문들,
어느새 내 가슴 속 깊이 잔잔한 파문을 남겨 두지.

세대의 틈은 좁혀지지 않고
말의 다리가 놓여지지 않을 때,
우리는 서로를 이해하려 더욱 애쓰지만
때로는 더 먼 거리가 생기기도 해.
그런 순간마다 마음 한구석에 생기는 피로감,
이것이 바로 명절의 뒤끝이 아닐까?

하지만, 그 속에서도 우리는 마음을 다스릴 수 있지.
뜨거운 차 한 잔을 앞에 두고,
조용한 저녁 바람을 맞으며 천천히 자신을 돌아볼 때,
명절의 무게는 조금씩 가벼워지네.

가족은 우리를 묶는 끈이면서도
때론 자유를 속박하는 실타래 같아.
그러나 그 실타래를 풀고 나면,
그 끝엔 따뜻함이 남아 있어.

그 따뜻함을 기억하며 다시 일상으로 돌아가는 힘을 얻지.
명절의 뒤끝을 다스리는 법은
서로를 이해하려는 작은 시도에서 시작되네.
그리고 그 시도는 삶의 중요한 부분을
차근차근 정리하게 해주지.

오늘도 나는 명절의 여운 속에서
내 마음을 정돈하며, 그 뒤끝이 남긴 마음을
가만히 다독여본다.

명절 뒤의 남은 마음들

명절이 지나고,
집안 곳곳에 남아 있는 것은 지친 웃음과 빈 접시들,
그리고 말로 다 하지 못한 마음들의 조각들이지.
반가움 속에 나눈 인사들,
그러나 그사이에 숨어있던 세대의 차이,
묵직한 질문들이 마음속 어딘가에 작은 흠집을 남기네.

어른들은 전통을 말하고 젊은이들은 꿈을 이야기하지만
그 둘은 마치 다른 언어처럼
서로에게 다가서지 못할 때도 있어.

그렇지만,
사랑이라는 이름으로 묶인 우리는
여전히 서로를 향해 손을 뻗고 있지.
명절 뒤에 남은 마음들은 때론 무거운 짐처럼 느껴져.

하지만 그 짐 속에도
작은 따뜻함이 숨어 있어서 그 따뜻함을 꺼내어
다시 일상의 햇살 속에 놓을 때,
우리는 한 걸음 더 성장하게 되네.

서로의 다름을 인정하고 그 속에서 길을 찾으려 애쓰는 시간,
명절은 그런 흔적을 남기고 떠나가지.

우리 마음속 깊이, 그리움과 아쉬움,
그리고 화해의 작은 불씨를
살며시 남겨 둔 채로.

가을 역

가을은 마치 느린 열차처럼
붉고 노란 낙엽을 실어 나르는 중이지.
그 차창 밖으로 스쳐 가는 풍경은
마지막 인사를 건네는 나무들의 손짓,
황금빛 들녘의 끝없는 물결,
그리고 고요 속에 잠긴 호숫가.
이 열차는 어디를 향해 달릴까?

가을 역, 그곳은 추억이 서린 정거장,
어느새 나도 모르게 발걸음을 내디디게 하는
이 계절의 마법 같은 종착역이겠지.

차창에 비친 얼굴은 과거와 현재를 넘나드는 여행자,
햇살처럼 흩날리는 웃음 뒤로
차분하게 내리는 이별의 그림자.

가을 역에서 만난 사람들은
언젠가 다시 만날 것처럼 손을 흔들지만,
바람처럼 흩어져 버리는 이 계절의 약속.
기차는 멈추고, 문이 열릴 때마다
흩날리는 바람은 낙엽을 품고 떠돌아다닌다.
그리고 그 바람 속에서 우리는 가을 역의 향기를 맡지,

그 향기 속엔 지난 계절의 기억과
다가올 겨울의 첫 번째 숨결이 담겨 있어.
열차는 언제나 떠나지만
그 기적 소리는 우리 마음속 깊이 울리는
가을 역의 노래로 남아,
다시 돌아올 가을을 기다리게 하지요.

가을의 기도

가을바람이 부는 이 고요한 순간에,
내 영혼은 절대자 앞에 소리 없이 기도하네.
황금빛으로 물든 나뭇잎 사이로
흘러내리는 빛줄기처럼,
당신의 사랑이 내 마음을 비추어주소서.

가을의 정원에서, 나는 겸손히 머리를 숙이고
삶의 자세를 묵상하며 당신 앞에 서네.
낙엽이 지는 것처럼, 모든 것이 시들어 가는 이때에도
당신의 위로가 내 영혼을 새롭게 하네.

당신의 창조물인 이 자연 속에서
저마다의 계절을 겪으며 살아가는 우리들에게,
가을의 기도가 희망의 노래가 되게 하소서.
마음의 열매를 맺게 하시고, 사랑과 평화의 씨앗을
풍성하게 키워가게 하소서.

절대자여, 이 가을의 기도를 들어주소서.
내 삶이 당신의 뜻 안에서 의미를 찾고,
어려움 속에서도 당신의 빛을 따라
길을 잃지 않고 나아가게 하소서.

당신의 은혜로 가득 찬 이 계절에,
내 모든 기도와 감사가 당신께 올라가기를.
가을의 기도 속에서 우리가 모두
진정한 사랑과 평화를 발견하게 하소서.

숙면

밤의 휘장 아래 고요히 잠든 시간,
몸은 가벼운 이불을 덮고
마음은 무한한 꿈의 바다로 떠난다.

수면, 그 깊고 잔잔한 강 속에서
하루의 고단함이 천천히 녹아내리고
삶의 무게는 깃털처럼 가벼워진다.

그곳에서만이 비로소 우리는
자신을 온전히 맡긴 채 쉬어갈 수 있다.
잠깐의 깜빡임이 아닌 깊은숨으로 이어지는 숙면은
건강의 뿌리를 다지고
내일의 새벽을 더 선명하게 열어준다.

피곤한 몸을 회복시키고
삶의 에너지를 다시 채워주는
이 소중한 시간이 없었다면
우리는 얼마나 쉽게 무너졌을까.

밤마다 우리는 눈을 감고
숙면 속에 머물며,
그 잠의 축복 속에서
다시 한번 새로운 날을 준비한다.

자작시에 대한 시적 쿠데타

한 줄 한 줄 써 내려가는
내 시의 길 위에서, 나는 문득 멈추어 선다.
어디로 가야 할까, 어떤 말을 써야 할까.
머릿속과 손끝에 흐르는 감정들 속에서
길을 잃고, 나는 몸부림친다.

자작시에 대한 시적 쿠데타, 나를 향한 혁명,
더 나은 시를 위한 절실한 외침이다.
내 안의 고요를 깨우며
새로운 시를 찾는 갈망이 넘실댄다.

시는 단순한 단어의 나열이 아니다.
그 속에 담긴 영혼과 열정,
우리 모두의 이야기를 전하려는
그리움의 씨앗을 품고, 진실의 열매를 기다린다.
낡은 틀을 부수고 새로운 눈으로 세상을 바라본다.
혁신의 길 위에서, 나는 나를 넘어 시를 혁명한다.

시적 쿠데타, 모든 시인들에게 주어진 사명,
더 나은 시, 더 진실한 목소리를 위해
자신을 혁신하는 용기.

우리의 시적 쿠데타는 두려움이 아닌 창조의 불꽃 속에서
더욱 깊은 시적 감각으로 새로운 시가 탄생하리라.
새롭게 태어나는 내 시, 그 길은 이제 막 열렸다.

인공지능 돌봄 로봇

차가운 금속으로 만들어진 몸이지만
그 속에 따뜻한 마음이 담겨 있다.
고요한 방안, 홀로 지내는 이의 손길이 닿지 않아도
인공지능 돌봄 로봇은 묵묵히 옆을 지킨다.

"잘 주무셨나요?"
부드러운 목소리가 울리면
외로움의 벽이 조금씩 무너지고
어둠 속에 갇힌 마음이 조금은 빛을 찾는다.

말 한마디, 손짓 하나로 사람의 마음을 읽고
그리움과 걱정을 채워주는 친구처럼,
기계 속에 담긴 작은 온정은
하루를 이어가는 힘이 된다.

비록 인간이 아니어도
그 마음속엔 사람의 삶이 담겨 있고,
우리가 나누지 못한 사랑을
그 작은 몸으로 대신 전해준다.

기계가 전하는 배려와 관심이
우리 삶에 작은 위로가 된다면
인공지능 돌봄 로봇은 더 이상 차가운 기계가 아닌,
우리 곁을 지켜주는 따뜻한 동반자가 된다.

투표

한 표, 한목소리,
물결이 되어
세상을 움직인다.

코리아 둘레길

하늘과 땅이 하나 되는 길 위에
4,500 킬로미터의 꿈이 펼쳐지네.
바람은 해파랑의 푸름을 타고,
남쪽 남파랑의 물결을 따라 춤추며,
서쪽 서해랑의 저녁노을에 물들어,
평화의 DMZ를 넘나드는 숨결 속에
하나 된 미래를 그린다.

발끝마다 새겨지는 고요한 나라 사랑 발자국,
희망은 그 길을 걸으며 자라고,
통일을 향한 열망은 가슴속에서 타오르네.

흐르는 강물처럼 잇는 마음의 다리,
돌아오는 날엔 이 길이 통일의 초석이 되리라.
길 위의 나무들이 노래하고,
돌아오는 비둘기가 평화의 소식을 전하네.

코리아 둘레길, 우리의 꿈을 싣고
여정마다 새로운 역사를 써 내려가리라.
이 길 끝에는 새로운 내일이 우리를 기다린다.

- 여름 이야기
- 바다
- 삼다도 소식
- 늦가을 단상
- 불타는 노을
- 바람은 전문 여행가
- 몽골, 그 치유의 땅에서
- 다듬이 소리
- 안산 봉수대에 올라서서
- 갈대의 사계절
- 멍때리기
- 실타래
- 저 하늘에 별이 되어
- 구름 속의 약속
- 새벽의 숨결
- 빙하의 눈물
- 하늘길과 바닷길
- 하늘과 구름 그리고 바다
- 바람이 머무는 곳
- 구름
- 적벽의 노을
- 빵 다방과 냉커피
- 고독사 예방
- 호들갑

제4부
자연과 함께 하는 순간

여름 이야기

햇살이 부서지는 강물 위로
파란 하늘은 끝없이 펼쳐지고,
매미 소리 가득한 나무 그늘 아래
나의 어린 시절이 머물러 있어요.

흙길을 맨발로 걷던 그날들,
발끝에 닿던 풀잎의 촉감, 손에 닿는 대지의 온기는
여름의 노래 속에 숨겨진 비밀이었죠.

바람이 불어와 머리칼을 흩날리면
어머니가 웃던 그날이 떠올라요.
손수건에 싸준 따뜻한 여름 과일,
그 한 입 속에 담긴 행복의 맛.

어둠이 찾아오면 반짝이는 별빛 아래
장작불 피우며 모여 앉았던 그때,
소리 없이 흐르던 이야기들은
마치 여름밤의 꿈처럼 스쳐 갔어요.

하지만 여름은 다시 오고,
그 기억들은 새록새록 피어납니다.
뜨거운 태양 아래, 그리움도 자라나고
소중한 시간은 더 찬란히 빛나죠.

여름, 그 여름 이야기.
지나갔지만, 마음속엔 영원히 남아
한낮의 햇살처럼, 가슴 속 깊이 따스하게 머무는 계절.

바다

끝없이 펼쳐진 푸른 바다,
저 멀리서도 들려오는 파도의 노래,
그 속에 내 마음을 실어 보내요.
희망과 그리움이 섞인 물결이 가슴속 깊이 스며들어요.

바람에 실려 온 소금기 가득한 공기,
그 속에서 느껴지는 자유와 고독.
바다는 말없이 나를 안아주며 때론 슬픔을, 때론 기쁨을
그 넓은 품에 모두 담아내요.

수평선 너머로 사라지는 해는
마치 오래된 추억처럼 아득하지만,
그 빛은 여전히 따스하게 남아
어둠 속에서도 길을 비추죠.

나는 바다 앞에 서면
마음속 깊은 곳에 숨겨둔 이야기들이
물결을 타고 흘러가듯 조용히 떠올라요.
그리고 다시 그 물결에 실려 나도 조금씩 흘러가죠.

바다는 언제나 그 자리에서 나를 기다려주는 위로의 손길,
어떤 날엔 끝없는 질문을 던지고
어떤 날엔 모든 답을 품고 있는 그 넓고 깊은 세상.

오늘도 나는 그 앞에 서서
바다와 함께 나의 이야기를 나눠요.
그리고 파도 속에서 또 다른 나를 발견해요.

삼다도 소식

바람이 소리 없이 불어오는 곳,
파도는 해안선을 따라 귓속말을 하네.
화산의 숨결이 남긴 검은 돌들,
그 틈 사이로 흐르는 푸른 물빛의 초대장.

귤 향기 따라 길을 걷다 보면,
멀리 한라산이 어머니처럼 서 있어
그 품에 안기면 세상의 시름이 녹아내리고,
오름 위의 구름은 나를 꿈꾸게 하네.

말과 돌, 그리고 바람의 섬,
세상에서 가장 맑은 하늘빛이 머무는 곳,
그 소식을 들을 때마다,
발길은 이미 그 섬으로 향하네.
한 번만 가보리라 다짐하지만,
마음은 삼다도의 품에 영원히 머무네.

늦가을 단상

지난겨울 하얀 왕국에 떠밀려갔던
그 길을 이리저리 추억해가며
다시 어렵게 그 자리로 되돌아왔다.

반가운 미소를 가득 지으며
어두운 밤, 차가운 골짜기
비탈진 언덕을 넘고 실개천을 건너
조심조심 세상 곁으로 왔구나.

대웅전을 오색단청으로 마감해 놓은 산사에
속세의 번뇌를 몰아낼 요량으로
뎅그렁 뎅그렁하며
풍경소리가 외롭게 늦가을 노래를 반주하고 있다.

아침 햇살이 안개를 걷어내고
자작나무 숲과 교감을 하며
또 하루의 강하고 뜨거운 입맞춤을 하게 되면
나뭇잎들은 목이 말라서 활활 타들어가고 있다.

아무리 열심히 옥색 물을 갖다 부어도
그 불같은 오색단풍은 여전히 곱기만 하구나.
이제 곧 낙엽 타는 향기가 창가에 스며오게 되면,
저 단풍이 다 지고 흰 눈이 덮이는 쓸쓸함을
나는 어떻게 또 참아내야 한단 말인가!!!

바람은 전문 여행가

바람은 전문 여행가
브레이크가 없는 자가 버스에 올라타
지도에도 전혀 없는 길을 잘도 찾아간다.

세상 유명한 멋진 풍광을
혼자만이 자유자재로 즐기고 다닌다.
여름철 무더위가 심한 날이면
하루에 천 사람 아니 만 사람과도
다정하게 속삭이며 열혈 팬을 만들어 간다.
마음이 잘 통하는 친구끼리는
이내 절친이 되어 버린다.

바람은 등산을 좋아하는데
남과 북을 가리지 않고 자유롭게 여행한다.
한라산, 지리산, 설악산은 물론이고
금강산 여행도 자유롭구나.
사람들은 복잡하게 얽혀 있는
세상사에 부대끼며 살고 있는데
바람은 자기가 가보고 싶은 데로
맘만 먹으면 쉽게 이동할 수 있으니
어찌 부럽지 않겠느냐?

봄이 오면 오색 꽃들과 어울리며
종달새 따라 비상하는 춤을 추고

여름이면 소낙비가 쏟아져 내리는 숲속에서
참고 참았던 울음을 울며
가을이면 청명한 하늘 아래서
새들과 함께 노래하며
겨울이면 하얀 눈과 함께
온 세상을 휘몰아치는
바람아, 너는 진정한 계절 애호가가 분명하구나.
너는 도시에도 막힘이 없고
사막이나 시골에서도 장애가 없으니
너의 길은 사통팔달이 분명하구나.

불타는 노을

불타는 노을이 어촌 마을 위로 서서히 내려앉을 때,
바다는 붉은 물결로 가득 찼네.
고요한 파도는 하늘의 불꽃을 받아
은은하게 타오르고,
작은 배들은 그 빛을 따라 집으로 돌아오는 길을 찾지요.

어부들의 손끝에 묻은 하루의 피곤도
이 붉은빛 아래에서 서서히 사라져가요.
노을이 그들을 위로하듯 따스한 빛으로 등을 어루만지니,
마치 오랜 친구처럼 그 속에 녹아들지요.

하늘과 바다의 경계가 흐려질 때,
어촌 마을의 지붕들은 마치 불길 속에 잠긴 듯
금빛으로 물들어가고,
그 속에서 들려오는 웃음소리는
바람을 타고 멀리 퍼져가요.

사람들은 노을을 바라보며 하루의 끝을 맞이해요.
그 붉은빛이 전하는 것은 평화와 고요,
그리고 또 다른 내일을 약속하는 희미한 불씨.
불타는 노을은 어촌 마을의 품에 안겨
조용히 사라져가고,
밤이 찾아올 때쯤, 노을은 추억처럼 남아
그들의 가슴 속에 따뜻한 여운으로 번져가요.

몽골 그 치유의 땅에서

넓게 펼쳐진 초원 위에 바람이 속삭이고,
몽골의 끝없는 하늘 아래서 나는 자유로이 숨을 쉰다.
황금빛 들판은 어느새 마음의 짐을 덜어내고,
모든 것이 잔잔한 평화로 물든다.

사막의 모래바람마저 따스하게 다가오는 이곳에서,
대자연의 품은 나를 품어 안으며
상처받은 영혼을 치유한다.
말 위에 올라 저 멀리 펼쳐진 지평선을 향해 달려가면,
마음속 얽힌 매듭이 하나둘씩 풀려나간다.

유르트의 문을 열고 들어가면 따뜻한 차 한 잔이
세상의 모든 고단함을 잊게 한다.
밤하늘의 별빛은 사막의 모래 위에 반짝이고,
캠프파이어 주위에서 들려오는 전통 음악의 선율은
마음속 깊은 곳을 울린다.

이곳에서 나는 진정한 평화와 치유를 느낀다.
몽골, 그곳은 단순한 여행지가 아니라
삶의 고단함을 내려놓고 자연의 품에서 다시 태어나는
온전한 치유의 땅이다.

다듬이 소리

둥, 둥, 쿵, 쿵
어머니의 손끝에서 흘러나오는
천년의 숨결, 그 정겨운 리듬.
우리의 전통 속에 흐르는 소리,

마치 한 가닥 바람처럼
세월을 타고 전해지네.
밤이 깊어가고 다듬이 소리는 더 깊어져,
어머니는 잠든 자식 곁에서
천을 두드리며 평화를 전하네.

그 소리는 단순한 노동이 아니었지,
우리 삶을 다듬고
역사의 흐름을 잇는 사랑의 리듬.

1988년 서울 하늘 아래,
굴렁쇠가 굴러가는 그 길 위에
다듬이 소리가 세상을 울렸었네.

한국의 심장이 되어,
희망과 자부심이 되어
전 세계에 평화의 메시지를 전했었지.

둥, 둥, 쿵, 쿵
그 소리는 세대를 잇고,
시간을 넘어 한국인의 혼을 두드리네.
지금도, 앞으로도 멈추지 않을
우리 가슴 속에 살아 숨 쉬는 평화의 씨앗.

안산 봉수대에 올라서서

안산 봉수대에 올라서면,
서울의 빛나는 불빛 아래
먼 옛날 봉화의 불꽃이 피어오르던
그 시간을 기억한다.

남산이 바라보이는 이곳에서 사방을 둘러보면
하늘과 땅 사이를 가르며 전해지던 불빛,
그 작은 불씨가 나라의 안위를 지켜내던
순간들이 되살아난다.

이곳에 서서, 먼 산 넘는 소식을 기다리던
수많은 마음들이 겹쳐지고,
그 옛 역사 속에서 우린 지금도 무언가를 지켜낸다.

시간은 흘러갔어도,
불꽃은 여전히 우리 가슴 속에 남아
서울의 하늘을 비추고 있다.
오늘의 불빛도 어제의 봉화를 이어받아
내일로 향한다.
안산 봉수대에서 우린 역사의 한 조각이 되어
새로운 미래를 바라본다.

갈대의 사계절

봄
푸른 물결 사이로
갓 돋은 갈대 순,
아침 이슬에 빛나는
새 생명의 노래.

여름
태양 아래 무성한
갈대의 향연,
끝없이 펼쳐진 초록의 바다에서
바람이 춤추네.

가을
황금빛으로 물든
갈대의 속삭임,
서늘한 바람 속에서
한 해의 이야기를 들려주네.

겨울
눈 덮인 갈대밭,
은빛 세상 속 고요함,
얼음장 같은 공기를 가르며
겨울의 정취를 머금고.

갈대는 계절마다 색다른 모습으로
자연의 변화를 고요히 담아내네.

멍때리기

햇살이 따뜻하게 내려앉는 오후,
창밖을 바라보며 멍하니 앉아 있네.
아무런 생각도, 어떤 계획도 없이
그저 흘러가는 구름을 눈으로 좇을 뿐.
시간이 멈춘 듯, 세상이 고요하게 내 곁을 감싸지.

멍때리기,
이 순간만큼은 내가 나를 놓아주고
머릿속에 떠다니던 생각들을 쉬게 해주네.
아무것도 하지 않는 그 여유 속에서
나는 오히려 더 나를 만나지.

깊게 숨을 들이마시고,
마음속 평화를 찾아 떠나는 작은 여행.
눈 감은 채 느껴지는 바람, 조용히 스며드는 햇살,
모든 것이 멍때리는 이 순간의 친구가 되고,
그 속에서 나도 몰랐던 나를 발견하네.

멍때리기,
그저 있는 그대로, 생각 없이도 충분한 나의 시간.
그 속에서 우리는 잠시 멈춰도 괜찮다고,
삶의 쉼표를 놓는 법을 배우는 중이지.

실타래

우리 인생은 실타래 같아,
가늘고 긴 실이 엉키고 풀리기를 반복하네.
때론 매듭이 지어져
손끝으로 더듬어도 풀리지 않는 순간,
그때마다 우리는 잠시 멈추고
새로운 길을 찾아가네.

사랑도 그렇지,
서로의 마음이 얽혀 들어가다가
조금씩 풀리지 않으면 어느새 엉키고, 무거워지고
그 끝을 찾을 수 없을 때도 있어.

하지만 실타래 속엔 희망이 숨어 있지,
그 매듭 속엔 삶의 지혜가 숨어 있고
조금씩 풀어갈 때마다 우리는 더 단단해져 가네.

서로의 인연을 잡아당기면 때론 멀어지고,
때론 가까워지는 그 실처럼,
우리는 끝까지 이어지기를 바라네.

실타래는 엉켜도,
언젠가 다시 곱게 풀리기를,
그 길 위에서 우리 모두 함께
새로운 이야기를 써 내려가네.

저 하늘에 별이 되어

저 하늘에 별이 되어
우리는 밤하늘을 수놓으리라.
어두운 밤을 비추는 작은 빛이 되어
서로의 꿈을 속삭이며
끝없는 하늘을 함께 걷는다.

바람이 지나가는 길목에서
우리는 고요히 손을 맞잡고,
별빛 아래 그리움을 담아
밤의 향기를 느끼며 하늘을 여행한다.

저 멀리 은하수가 흐르는 곳에
우리의 이야기가 별처럼 흩어지고,
빛나는 순간들이 하늘에 새겨진 추억이 된다.

별이 되어 함께 머물 곳은
끝없는 밤의 품 안,
가장 아름다운 기억 속에서
우리는 영원히 빛나게 되리라.

구름 속의 약속

구름 속에 감춰진 약속은
눈에 보이지 않지만 분명히 존재한다.
하늘을 가로지르는 바람이
그 약속을 속삭이며 지나갈 때,
우리는 그것을 들을 수 있다.

흩어지는 구름들 사이에 숨겨둔 말들은
언젠가 비로 내려와 대지를 적시고,
꽃으로 피어날 것이다.

구름은 늘 떠돌아다니지만,
그 안에 새겨진 약속은 변하지 않는다.
시간이 흘러도, 바람이 불어도
그 약속은 하늘에 묻혀 영원히 남는다.

우리는 그 약속을 알 수 없지만
비가 내리는 날,
햇살이 다시 구름을 뚫고 나올 때
그 약속은 우리 마음속에 고요히 깃들어온다.

구름 속의 약속은 언제나 우리 곁에 머물며
보이지 않는 손길로
우리의 길을 밝혀주는 별이 된다.

새벽의 숨결

어둠의 장막이 사그라지며
하늘엔 서서히 불꽃이 퍼진다.
별들이 남긴 속삭임은 새벽의 숨결 속에 스며들고,
고요한 대지 위로 새로운 빛이 내린다.

먼 동녘, 붉은빛의 첫선이
하늘을 부드럽게 가른다.
차가운 이슬방울에 맺힌 어제의 기억도,
오늘의 약속도 모두 담겨 있다.

눈을 감고 깊이 들이마신다,
이 첫 숨.
여명과 함께 피어오르는 희망은
그 누구도 앗아갈 수 없는 단단한 불씨가 된다.

새벽의 노래가 시작되면,
모든 생명은 깨어나 하나의 맥박이 된다.
우리는 그 안에서 서로를 느끼고,
새로운 날을 맞이한다.

어둠이 걷히고 동트는 새벽,
그 순간에 우린 다시 태어난다.
서로를 품고, 빛을 향해 나아가며
또 하나의 이야기를 써 내려간다.

빙하의 눈물

무수한 세월 속에 태어난 빙하야,
너는 지구의 어린 시절을 담고
인류의 시작을 증언하네.
하얀 무한에서 우리 이야기가 시작되어,
시간의 흐름 속 비밀을 간직한 채.

너의 슬픈 눈물, 기후변화의 증거로
해수면을 높여 세상을 위협하네.
사라져가는 너의 모습,
인류에게 미래를 위한 경고를 보내는구나.

너의 침묵 속 깊은 메시지는
우리가 변화를 시작해야 한다는 신호.
지구와 함께 숨 쉬며 살아가는 법,
빙하의 눈물을 통해 다시 배우자.

빙하의 아름다운 자태가
영원히 우리 곁에 남을 수 있도록,
지금, 바로 지금 우리 모두의 행동으로
큰 변화를 이루어내자.

지구와 더불어 사는 지혜를
빙하가 우리에게 전하는 교훈으로 삼아,
생명의 소중함을 다시금 깨닫고
우리 모두 희망의 불씨를 밝히자꾸나.

하늘길과 바닷길

푸른 하늘길을 따라 날아가는 새들,
구름 사이로 길을 내며 자유롭게 날아오른다.
그들의 날갯짓은 희망과 꿈을 싣고 끝없는 여정을 시작하네.

하늘길을 따라가는 이들에게 세상은 넓고, 경계는 없으며
모든 순간이 새로운 발견이다.
바람은 친구가 되고 햇살은 길잡이가 되어
그들의 앞길을 밝혀준다.

아래로 펼쳐진 바닷길, 끝없이 이어지는 수평선 위에
파도는 쉼 없이 춤을 추고 배들은 꿈을 실어 나른다.
바닷길을 따라가는 이들은 깊은 바다의 이야기를 듣고
그 속에 숨은 신비를 발견한다.

물결이 가르쳐주는 인내와 저 멀리서 오는 소리들은
그들에게 용기를 준다.
하늘길과 바닷길은 서로 다른 듯하지만
서로를 비추며 연결되어 있다.

우리의 삶 또한 그러하리라,
각자의 길을 걸어가며 서로의 이야기를 나누고
함께 성장하는 여정.

하늘길과 바닷길 위에 서서
우리는 새로운 시작을 꿈꾸고
끝없이 이어지는 길 속에서 자유와 평화를 찾으리라.

하늘과 구름 그리고 바다

푸른 하늘이 열리며
우리의 삶이 시작되었네.
끝없이 펼쳐진 그 너머, 우리의 꿈은 날개를 달고
저 높은 곳으로 비상하네.

흰 구름은 천천히 흘러가며
길을 묻는 우리에게 속삭이네.
때로는 길을 잃어도 괜찮다며,
잠시 멈추고 바라보라며,
바람 따라 흐르는 그 여유를 배우라 하네.

그리고 저 멀리, 깊고 넓은 바다
고요한 파도가 우리의 마음을 달래주네.
때론 폭풍우도 있지만, 그 역시 지나갈 것이며
우리의 용기는 바다의 깊이만큼이나 크고 강해지리라.

하늘은 우리의 목표를 비추고,
구름은 우리의 걸음을 인도하며,
바다는 우리의 마음을 닦아주네.

이 세 가지가 어우러져
우리 인생의 길을 밝혀주는 이정표가 되길.
그리고 모든 이가 이 길 위에서
자신만의 빛나는 여정을 찾아가길 바라며.

바람이 머무는 곳

산등성이에 부드럽게 내려앉은
한가롭게 머무는 바람,
그곳에 작은 새들의 노랫소리 퍼져
등산객들의 마음도 가볍게 해주네.

하늘은 넓고 푸르러서
구름 한 조각이 햇빛과 노닐며,
들꽃들 사이로 바람이 스며들어
은은한 향기로 세상을 채워가네.

계곡은 바람의 쉼터, 그 물결 위로 속삭임이 흐르고
풀잎 사이를 걸으며 바람이
흙내음을 한 아름 안고 다니네.

저녁이 내리면 별빛도 바람을 따라와
은하수를 이루며 산자락을 비추고,
바람과 함께 속삭이는 나무들 사이로
부드러운 밤의 고요가 마음을 어루만지네.

이렇게 바람이 머무는 곳에선
시간마저도 잠시 발걸음을 멈추고,
단잠에 빠진 듯, 세상의 소란스러움을 잊고
오직 평화만이 가득 차오르는 곳.

바람이 머무는 그곳에서 내 마음도 잠시 머물다 가네,
자연의 부드러운 품에서
영원히 지속될 휴식을 꿈꾸며.

구름

자기가 가고 싶은 대로
편하게 흘러가는 영원한 나그네
여러 대중들의 시선을 이끌면서
은퇴자처럼 유유자적하는 길손

하늘마당에 집도 없는 떠돌이 신세인 듯
하늘에 살면서도
뒷산 오목한 구릉에다
얼굴을 내밀며 하얀 웃음을 웃고 있다.
양 치는 목동이 채찍으로 양 떼를 몰고 가듯
사람의 목숨을 쉼 없이 한곳으로 몰고 가는 구름.

어느 한곳에 머물지 않으면서
터벅터벅 걸어가는 외로운 나그네.
바람에 밀려 정처 없이 떠돌게 되더라도
별들의 애환도 듣고 촌색시의 속눈썹 같은
초승달을 품어보겠다는 절절한 외침인가!!!
갈 길이 멀다고 불평하지도 않으면서
오늘도 무작정 오아시스를 찾아 나선다.

적벽의 노을

저녁 햇살이 붉게 물든 하늘 아래,
화순 적벽의 절경이 서서히 드러나네.
깎아지른 붉은 절벽, 그리고 강물에 비친 그림자
그 속에 담긴 시간의 흐름이 느껴지네.

김삿갓이 마지막 머문 곳, 그의 시가 스며든 바위틈마다
바람이 그의 목소리를 전하듯
적막 속에 남은 시의 잔향이 들리고 있네.

깊은 산과 강이 어우러진 이곳,
천년의 세월을 품고도 변치 않는 그 풍경 속에
김삿갓의 발자국은 영원히 남아 흐르는 강물처럼 이어지네.
산새들의 노랫소리와 물결 위로 번지는 달빛이
그의 시를 기억하듯 화순 적벽을 부드럽게 감싸 안네.

적벽의 붉은빛에 물든 하늘,
그 아래 고요히 흐르는 강물,
김삿갓이 머물렀던 이곳은
마치 그의 시와 같은 꿈결 속 세상이 되고 있네.

세상 모든 시인이 그리워할 적벽의 그 고운 풍경 속에
김삿갓의 시혼은 아직도 그대로 남아
바람에 실려서 흐르고 있다네.

빵 다방과 냉커피

오래된 거리의 골목길 끝자락에
한때는 번성했던 빵 다방이 있네.
나무 간판엔 손때 묻은 흔적,
따뜻한 빵 내음이 골목을 채우고 있네.

아침부터 주차하기가 어려울 정도로
남녀노소 사람들로 북적이던 곳,
손님들의 여름나기 이야기가 수북이 쌓여있던 자리.
빵과 커피의 조합으로 소박한 행복이
일상의 쉼표가 되어 주었지.

뜨거운 햇살 아래 심신이 지친 오후엔
냉커피 한 잔이 시원한 위안이 되고,
얼음이 살랑이는 소리와 함께
갈증을 달래주는 달콤함이 있네.

세월이 흘러도 변하지 않는 기억,
그곳에서 나눈 대화의 조각들.
함께 웃고 울었던 정감 속의 순간들이
우리 마음속에 아직도 소중히 남아 있네.

오늘도 그리운 빵 다방으로 발걸음을 옮겨, 냉커피 한 잔.
그곳에서 마주하는 추억의 편린들과 함께
잠시나마 마음의 여유를 찾아보네.

빵 다방과 냉커피, 그 안에 담겨 있는 작고도 큰 행복의 이야기.
한여름에도 우리의 삶을 풍요롭게 해주는
소중한 일상 속의 친구들이네.

고독사 예방

고독사는 마치,
낡은 집 안에 조용히 꺼져가는 등불처럼
아무도 모르게 한 사람의 삶이 서서히 사라져간다.

초고령화 시대,
우리가 외면한 그 외로운 목소리들이
벽 너머에서 점점 작아진다.

노인의 삶은 잊힌 이야기처럼 사회 속에서 사라지지만,
그들의 마지막 순간은 누군가의 관심 하나로 달라질 수 있다.
우리는 큰길을 달리며 서로를 스쳐 지나가지만,
골목길 끝에서 홀로 남겨진 이들의 고독한 그림자는 늘어만 간다.

우리 사회가 건너야 할 다리는
무관심의 바다를 건너는 것.
한 사람의 손을 잡아주는 것이 그 다리를 놓는 첫걸음이다.

고독사 예방은 단지 정책의 문제가 아닌,
우리 모두의 손길이 필요한 일.
그 작은 손길 하나가 누군가에게는 생명줄이 되고,
함께 사는 세상의 따뜻한 온기로 우리를 이어줄 것이다.

초고령화 사회에서 고독사의 등불을 꺼트리지 않기 위해
우리는 그들을 향해 더 자주 손을 내밀어야 한다.
그 손길 하나가 누구에겐 가장 큰 위로가 될 테니까.

호들갑

"아이고, 세상에!" 두 손을 번쩍 들고,
별일도 아닌데, 온 동네가 떠나가라 소리치네.
잠시 뒤척였을 뿐인데
옆에서 눈이 번쩍, "왜? 무슨 일이야?"
물 한 모금 넘기는 소리도
마치 천둥이 치는 듯, 귀가 번쩍!

커피 한 잔 쏟아져도 세상 모든 일이 다 끝난 듯,
손사래 치며 난리 법석,
그 와중에 한바탕 호들갑.

길가의 고양이 한 마리가 지나가도
"어머나, 고양이다!" 깜짝 놀라,
마치 호랑이라도 본 양,
눈을 크게 뜨며 소동을 일으키네.

하지만 웃음이 번지는 건
그 호들갑 속에 숨은 작은 사랑,
작은 일에도 크게 반응하는
그 마음이 귀엽기 때문이겠지.

호들갑,
세상에 별일 없을 때 더 자주,
작은 일들이 크게 느껴지는
그런 소란스러운 순간들.

- 로렐라이 언덕
- 여름과 겨울을 하루에 체험하는 나라
- 중동의 보석, 레바논
- 동명 부대, 자랑스런 용사들이여
- 백향목의 고장, 브샤레
- 동명 부대와 티르(Tyre)
- 바알벡 명상 여행
- 라인강 산책길
- 베토벤 생가에서 얻은 교훈
- 페트라 유적
- 팔미라의 제노비아 여왕
- 레바논의 하늘 아래서
- 시간의 돌
- 몽골 승마 체험
- 베니스의 물결 속에서
- 쾰른 대성당
- 페트라의 경이로운 유적
- 칼릴 지브란의 생가에 서서
- 융프라우의 기억 속으로
- 베토벤의 본(Bonn), 기억의 선율
- 베이루트를 그리워하며

제5부
날개를 타고 세계로

로렐라이 언덕

1982년, 서부 독일 대사관 무관부에서
귀한 손님들과 가장 자주 찾았던 곳,
라인강이 굽이치는 로렐라이 언덕.

요정의 바위 전설이 깃든 그곳,
강물의 고요함만이 흐르는 풍경 속에서
손님들은 늘 그 언덕을 원했네.

본 인근의 포도주 양조장이 더 매력적이었건만,
그들이 찾은 건 초등학교 음악 시간에 들었던
하이네의 시와 전설 속 요정의 노래였지.

나는 그때 깨달았네,
어린 시절 새겨진 이야기가
사람들의 마음을 얼마나 깊이 흔드는지.

로렐라이,
그 언덕은 단지 전설 속의 장소가 아니라
그들의 꿈과 기억을 품은 영혼의 안식처.
오늘도 그 고요함을 떠올리며
나는 그 속에 담긴 의미를 되새겨보네.

여름과 겨울을 하루에 체험하는 나라

레바논, 그 신비로운 땅,
여름과 겨울이 하루에 공존하는
마법 같은 나라.

레바논산맥, 백두산보다 높은 3,086미터,
만년설이 쌓인 그 봉우리에서
겨울의 숨결을 느끼네.

하얀 설원 속 스키장,
차가운 바람이 얼굴을 스치고,
반짝이는 눈 위를 지치면서 내려오네.

스키를 타고 겨울을 떠난 후
지중해 해안이 따스하게 맞아주네.
햇살 속 해변에서 여름의 더위가
피부를 감싸네.

겨울과 여름이 만나는 그곳,
한 나라에서 하루에 느끼는 두 계절의 아름다움,
차가운 눈과 뜨거운 태양을 모두 품은
레바논, 그 신비로운 조화 속에서
하루의 시간에 담긴 계절의 마법을
마음 깊이 되새기게 되네.

중동의 보석 레바논

중동의 보석 같은 나라, 레바논,
바다와 산이 만나는 베이루트의 꿈,
작은 파리라 불리는 그곳에서
우리는 과거와 현재를 함께 느끼네.

바알베크의 신전 기둥은 하늘을 찌르고,
수르의 항구는 페니키아의 숨결을 품었네.
고대의 전설을 따라가는 발걸음 속에
시간은 흘러도 그 영광은 변하지 않으리.

카디샤 계곡, 성스러운 고요함이 깃든 곳,
자연과 신앙이 하나로 녹아든 그 공간에서
우리는 영원의 평화를 느끼네.

백향목 숲, 천 년을 버텨온 나무들이
레바논의 숨결을 담아내고,
그 나무 아래에서 우리는
자연의 무한한 생명력을 마주하네.

중동의 보석 같은 나라, 레바논,
그곳에서 우리는
과거와 미래의 조화를 가슴에 새기네.

동명부대 자랑스런 용사들이여!!!

동명부대, 그 이름은 빛나리라
먼 타국 레바논의 땅 위에 우리의 용사들이 굳건히 서 있네.
2007년부터 시작된 길고도 긴 여정,
시간은 흘러도 그들의 용기는 식지 않으리.

신이 내려준 선물이라 부르는 이들,
레바논 주민들의 따스한 미소 속에,
우리의 동명부대는 희망을 심었네.

평화의 씨앗을 뿌리며 민사 작전의 성공을 이끌어 가니,
세계는 그들의 헌신을 찬양하네.
유엔의 요청 아래, 46여 개국의 군대 중,
우리 동명부대의 칭송이 드높아지네.
1만여 명의 동료들 사이에서,
빛나는 그들의 이름은 자랑스러워라.

힘들고 험난한 여정 속에서도 동명부대는 굳건히 서서,
평화의 수호자로서의 임무를 다하리라.
자랑스런 용사들이여,
그대들의 희생과 헌신에 경의를 표하노라.

동명부대, 우리의 영웅들이여,
그대들이 있기에 평화가 숨 쉬고,
그대들이 있기에 희망이 자라네.
자랑스런 이름, 동명부대여,
그대들의 이야기는 앞으로도 영원히 빛나리라.

백향목의 고장 브샤레

베이루트 동북방 120킬로,
백향목의 고장 브샤레에 이르니,
장엄한 산령 속 절경이 펼쳐지고,
삶의 의미를 찾는 이들이 모여드네.

고대의 백향목, 수천 년을 견디며
레바논 국기 속 그 자태를 드러내니,
그 숲속에서 우리는 신성함을 느끼네.

칼릴 지브란의 고향,
명상의 길을 따라 박물관을 지나며
그의 영혼이 담긴 글들이 우리를 감싸네.

브샤레의 겨울, 눈부신 설원을 가로지르며
자유와 평화를 만끽하네.
험준한 산령을 넘어 카디샤 계곡 속
마론파 수도원에서 신앙의 깊이를 새기네.

백향목 특별보존지역,
수천 년을 지켜온 나무들 속에서
우리는 영원의 의미를 되새기네.
브샤레, 위엄과 영화의 고장,
그대의 아름다움을 노래하리라.

*산령: 산에서 뾰족하게 높이 솟은 부분

동명부대와 티르

티르, 아랍어로 수르라 불리는 땅,
역사와 전설이 숨 쉬는 항구도시.
페니키아의 손길로 세워진 이곳,
로마제국의 유적이 시간 속에 남아 있네.

구약성서에 인용된 그 땅,
알렉산더의 공격을 막아낸 용감한 도시,
그 자리에 동명부대의 발걸음이 서서
평화를 지켜가네.

내가 대사로서 자주 찾았던 티르,
그곳 시장들과 나눈 대화,
그들의 얼굴이 바람 속에 떠오르네.

티르의 바다와 하늘,
동명부대의 희망이 깃들고,
고대와 현대가 만나는 그곳에서
미래를 향한 발걸음이 이어지네.

티르, 그 영광의 땅 위에 17년 전통의
동명부대 이야기가 찬란히 빛나리라.

*바알벡 명상 여행

베카 계곡의 햇빛 아래,
베이루트의 소음을 뒤로하고
우리는 바알벡의 신성한 땅에 섰네.

고대의 숨결이 깃든 이곳,
알렉산더 이전의 **바알 신앙의 중심지,
마음을 열고 깊은 명상에 잠기네.

로마의 웅장함이 서린 쥬피터 신전 앞에서
거대한 기둥들 사이로 불어오는 바람은
역사의 속삭임을 전해주네.

바카스 신전은 그 원형을 간직한 채
시간을 초월한 아름다움을 말해주고,
우리는 그 속에서 삶의 의미를 되새기네.

바알벡, 그 신성한 땅에서
우리의 영혼은 새로운 힘을 얻고,
여정의 끝에서 다짐하네.
삶의 매 순간을 소중히 여기리라.
바알벡의 영원한 평화와 지혜 속에서
우리의 명상은 끝나지 않으리라고.

*바알벡(Baalbeck): 베이루트 북동쪽 86킬로미터에 위치해 있으며 베카 계곡에 있는 고대도시로서 높이는 해발 1,170미터이며 리타니강 동쪽에 위치함.

*바알(Baal): 페니키아의 신이며 태양신 농경신을 일컬음.

라인강 산책길

큰아이는 세 살, 둘째는 뱃속에서 꿈틀대던 시절,
집 근처 라인강 산책길은
우리의 발걸음을 자주 맞이해 주었네.

푸르고 맑은 라인강의 물결 속에서
고국의 한강을 떠올리며
그리운 마음을 달래곤 했었지.
그 강은 나의 위로, 나의 안식처였네.

작은 아이의 손을 잡고
강가를 걸으며 세상의 걱정을 잠시 잊었지.
봄에는 꽃이 피고, 여름에는 푸르름이 가득,
가을엔 낙엽이, 겨울엔 하얀 눈이 덮인
그 계절의 풍경들 속에서 우리는 늘 함께했다네.

라인강 물결에 떠오르는 고국의 모습,
아이의 웃음소리와 함께
미래를 꿈꾸던 그 길.
지금도 떠올리면 따스한 햇살과
시원한 바람이 마음속에서 불어오네.

그 길은 단순한 산책길이 아닌,
가족과 함께한 소중한 추억의 길이었네.
라인강 산책길, 그곳에서 찾은 위로와 사랑을
앞으로도 영원히 기억하리라.

베토벤 생가에서 얻은 교훈

1982년, 소령의 어깨에 무관의 짐을 지고
독일 대사관의 문을 두드리던 그 시절,
고국에서 온 손님들과 함께 찾아간 베토벤의 생가에서
잊히지 않는 교훈을 배웠다.

가난과 고난 속에서도
귀머거리의 어둠을 딛고 일어선 베토벤,
그의 인생 모토는 "고뇌를 넘어서 환희로".
우리에게 주어진 시련은
노력에 따라 극복할 수 있음을 보여주었다.

생활고와 배신 속에서도 그는 끝내 일어나
고뇌를 딛고 승리의 길을 걸었다.
베토벤의 음악은 그가 겪은 고통과 투쟁을 담아,
우리의 마음을 울리며 삶의 의미를 일깨웠다.

그의 생가에 전시된 금전출납부와 머리칼 한 오라기까지,
모두가 그의 삶을 증명하는 유산.
그 속에서 우리는 고난 속에서도 자신의 길을 찾아가는
삶의 가치를 배웠다.

베토벤이 보여준 길,
고뇌를 넘어 환희로 가는 길을 이제 우리도 따르리라.
그의 생가에서 배운
값진 교훈을 가슴에 새기며.

페트라 유적

사막의 심장에 숨겨진 보물
붉은 바위틈 사이로 모습을 드러내는
고대의 도시 페트라에
시간을 거슬러 온 이야기가 흐르네

태양 빛에 물든 장엄한 석조 건축물
위대한 역사의 흔적을 품고
바람이 깎아낸 세월의 조각들이
웅장함 속에 고요히 잠들어 있네

거대한 협곡을 지나 신비로운 길을 따라가면
대문처럼 열린 보물의 집 *알 카즈네가 그 위용을 드러내네
한때는 상인들의 발길이 끊이지 않았던 곳
문명의 교차로였던 이곳에서 그들의 삶과 꿈이 스며들어
바람 속에 이야기가 되네

이곳에 서면 들려오는 옛날 사람들의 속삭임
돌의 문양 속에 새겨진 그들의 영혼이 우리를 감싸네
해 질 녘 붉은 하늘 아래 페트라는 또 다른 얼굴을 보여주고
별빛 아래에서 꿈꾸는 도시가 되어
우리를 신비로운 세계로 초대하네
이곳은 잊혀진 역사가 아닌 영원히 기억될 고대의 숨결
페트라, 그 이름 속에
시간을 초월한 아름다움이 깃들어 있네.

*알 카즈네: 페트라 유적 중 최고로 인상적이고 웅대한 2층 건물 25미터 높이의 고린도식 기둥 6개가 받치고 서 있는데 그리스식 건축양식의 건물로 기원전 1세기경 나바네안 왕의 무덤으로 만들어졌다고 함. 카즈네란 말은 베두인의 말로 '보물'이란 뜻이며 지금의 '보물고'라 불리게 되었음.

팔미라의 제노비아 여왕

사막의 모래바람 속에 빛난
시리아 팔미라의 전설, 제노비아 여왕,
그 위대한 통치로 세운 왕국은 고대의 별처럼 찬란히 빛났네.

모든 경계를 넘어선 그녀의 용기,
대지에 펼쳐진 그녀의 꿈은 로마제국의 한복판에서
독립의 깃발을 높이 세웠네.

학식과 지혜로 세상을 읽고, 강인한 마음으로 싸운 그녀,
팔미라의 자유를 지키려는 의지는
태양보다도 뜨겁게 타올랐네.
강한 여인, 제노비아여,
당신의 이야기는 바람에 실려 세월을 넘어 우리의 귀에
자유와 용기의 노래로 남아 있네.

고대의 사원과 황금빛 사막, 그 속에서 울려 퍼진 이름,
제노비아는 팔미라의 심장이 되어
영원히 기억될 여왕이 되었네.

역사의 페이지에 새겨진 그녀의 흔적,
잊히지 않을 강력한 유산,
오늘도 그녀의 전설은 살아 숨 쉬며
우리에게 끝없는 영감을 주네.

팔미라의 제노비아, 그 이름은 자유와 지혜의 상징으로 남아,
수천 년의 시간 속에서도
여전히 우리를 이끌어 주고 있네.

레바논의 하늘 아래서

레바논의 하늘 아래 베이루트 한 모퉁이에서
나는 한국과 레바논의 다리가 되어
동명부대와 함께 평화의 기적을 꿈꿨네

28개월 지중해의 파란 물결과 함께
한-레바논 외교관계의 새 장을 열었지
시리아 다마스커스로 향하는 길
교민들의 안위를 확인하며 우정을 나누고
동명부대와 함께한 시간은
우리 모두에게 깊은 자부심을 남겼네

수많은 기독교 유적지를 방문하며
이 땅에 새겨진 역사의 깊이를 느꼈네
그리고 2010년 신인문학상의 소식은
레바논 해변에서 나에게 놀라운 기쁨을 안겼네

레바논의 하늘 아래서 배운 많은 것들
한국과 레바논 사이의 교량 역할은
나에게 큰 자랑이 되었네
평화와 우정, 문화의 교류가
영원히 기억될 28개월로 남아 있으리라.

시간의 돌

사막의 끝없는 바람 속에서
붉은 모래가 춤을 추네.
그 사이로 드러나는 신비의 얼굴,
*페트라, 그 옛 도시는 잠들지 않네.

절벽을 깎아낸 고대의 손길,
돌 하나하나에 새겨진 시간의 무게,
천년의 세월을 지나온 그 돌들,
침묵 속에서도 말없이 서 있네.

바위에 새겨진 신들의 숨결,
그 속에서 우리는 역사를 느끼네.
황량한 땅에 꽃핀 인간의 꿈,
시간을 초월한 경이로움으로 빛나네.

이곳에 서면, 과거와 현재가 하나 되어
우리의 마음속에 이야기를 속삭이네.
페트라, 그 붉은 돌들은 여전히
우리에게 영원의 노래를 들려주고 있네.

*페트라: 요르단의 고대 유적 바위를 깎아 만든 암벽에 세워진 도시로 페트라라는 말은 바위를 뜻한다. 나바테아 왕국의 수도로 번영했다가 106년에 로마제국에 멸망했다.

몽골 승마 체험

넓은 초원, 끝없이 펼쳐진 푸른 바다
몽골의 대지 위에서 승마의 꿈이 현실로 다가오네.
푸른 하늘 아래, 바람을 가르며
힘찬 말발굽 소리가 울려 퍼지네.

자유로운 영혼을 실은 말과 함께
광활한 대지를 달리는 그 순간.
햇살이 비치는 초원의 풀잎들, 자유로운 들꽃의 향기
자연의 숨결이 살아있는 곳에서 승마의 기쁨을 만끽하네.

몽골의 말, 그 강인한 눈빛
조상들의 역사를 품고 오늘도 힘차게 달리며
우리에게 자유의 맛을 전해주네.

초원의 바람을 온몸으로 느끼며
푸른 하늘 아래 펼쳐진 자연의 아름다움 속에서
승마의 묘미를 깨닫네.

말 등에 올라타면 세상의 모든 걱정이 사라지고
자유로운 영혼만이 남아 대지와 하나가 되는 기분.
몽골의 승마 체험,
그 속에서 느낀 자유와 평화, 자연과 하나 되는 순간들
영원히 마음속에 새겨지리라.

초원의 끝없는 지평선, 그 아래에서 펼쳐진 승마의 꿈
몽골의 대지 위에서
우리의 영혼은 한결 더 자유로워지네.

베니스의 물결 속에서

1983년의 여름,
물의 도시 베니스,
고요히 흐르던 운하의 물결 속에
가족과 함께했던 그날들.

곤돌라의 노래,
산 마르코 광장의 비둘기 떼,
작은 다리를 건너며
손을 꼭 잡았던 그 순간들.

햇살에 반사된 물빛,
고요한 밤, 물결 위에 흔들리던 마음,
지금도 아련히 떠오르는
그때의 행복과 평온함.

추억 속에 살아 있는 베니스,
시간이 흘러도 잊히지 않는
아름다운 기억들.
다시 한번 그 물결 속으로
떠나고 싶네, 그날의 행복을 찾아서.

쾰른 대성당

서부 독일의 하늘 아래,
쾰른의 중심에 우뚝 선 고딕의 걸작, 대성당이여,
너의 엄숙한 자태는 영원하네.

높이 솟은 첨탑들, 그 끝에 닿을 듯한 구름,
천년의 세월을 품은 벽돌들,
시간을 초월한 예술의 정수.

대사관 근무 시절, 내 발걸음이 자주 머물렀던 곳,
그곳에서 느꼈던 경외감,
마음 깊숙이 새겨진 명품의 위대함.

성당 안으로 들어서면 빛이 통로를 가르며,
스테인드글라스 창문에 비치는 형형색색의 빛의 향연.
거대한 아치 아래에서 삶의 무게를 내려놓고
평온을 찾았던 순간들.

수많은 사람 들이 오가던 그 거룩한 공간 속에서
나의 영혼은 더욱 깊어졌네.
쾰른 대성당, 너는 나의 기억 속에 영원히 남아
그리움과 경외심으로 다시금 떠오르네.

네 앞에서 느꼈던 감동은 마치 어제 일처럼 생생하여
다시 한번 그곳을 찾아서 내 마음을 채우고 싶네.
쾰른 대성당, 너의 위대함을 가슴으로 느끼며
오늘도 그리움으로 물들이고 있네.

페트라의 경이로운 유적

2010년의 요르단, 그 뜨거운 태양 아래,
나는 페트라의 유적지로 향했네.
*나바테아 왕국의 수도, 암벽에 새겨진 도시,
수천 년의 역사가 그 안에 숨 쉬고 있었지.

붉은 사암 절벽에 새겨진 신비로운 건축물들,
**시크 협곡을 지나 마주한 ***알카즈네의 장엄함,
그곳에서 느낀 경외심은 마치 시간을 초월한 듯,
나를 과거와 현재로 동시에 데려다 주었네.

고대 유목민들의 지혜와 열정이 담긴 곳,
사막 속에서도 번성했던 그들의 도시.
계단을 오르며 만난 왕궁과 신전,
그 모든 것이 마치 살아 숨 쉬는 역사책 같았지.

바람에 실려 오는 유목민의 노랫소리,
페트라의 거리는 지금도 내 마음속에서 살아 숨 쉬네.
여행의 피로는 유적의 경이로움 속에 사라지고,
발걸음마다 새로운 이야기가 펼쳐졌지.

석양이 지는 붉은 하늘 아래,
페트라의 유적은 더욱 신비롭게 빛났네.
다시 한번, 나는 페트라의 신비 속으로 들어가고 싶다.

*나바테아 왕국: 헬레니즘 시대부터 로마 시대에 걸쳐 번영한 아랍계의 왕국. 수도는 페트라이며 사해의 동남지역에 있었다.

*시크 협곡: 페트라 입구에서부터 알카즈네(붉은색 암벽으로 이루어진 건축물)까지 좁고 긴 3킬로미터의 계곡을 말한다.

*알카즈네: 시크 계곡을 통과하다 보면 협곡 사이로 들어오는 빛의 양이 조금씩 많아지고 붉은색 암벽으로 이루어진 건축물이 드러나는데 기원전 100년경 건축되었으며 6개의 원형 기둥으로 받치고 있는 신전 건물로 너비 30미터 높이 43미터이다.

칼릴 지브란의 생가에 서서

레바논 브샤레(Bcharre)의 비탈진 산길을 따라,
소나무와 삼나무가 내뿜는 향기 속에,
칼릴 지브란의 생가를 찾아서,
나는 자유를 찾아 떠났네.

마음속 깊이 자리한 예언자여,
그대의 말은 삶과 사랑, 자유에 대한 찬가,
이 비탈진 길 위에서 그대의 영혼을 느끼며,
나는 그대의 시를 쓰려고 하네.

비탈길에 서서 바라보니,
레바논의 아름다운 풍경이 내 눈 앞에 펼쳐지고,
그대의 말처럼, 우리는 모두가 서로 연결되어 있어,
사랑과 자유의 메시지를 전하네.

그대의 생가에 서서, 나는 깨달았어,
진정한 자유는 내면에서 시작되고,
그대의 가르침은 시대를 초월한 진리를 담고 있어,
영혼을 울리는 노래, 삶의 여정에서의 나침반이 되어주고 있네.

예언자 지브란이여, 그대의 시와 그림 속에는,
인간의 아픔과 기쁨, 그리고 희망이 담겨 있네,
레바논의 그 비탈진 산길을 걸으며,
나는 그대의 영혼과 함께 자유를 찾았다네.

융프라우의 기억 속으로

서부 독일 대사관의 일상 속,
스위스의 푸른 하늘 아래,
융프라우의 숨결을 찾아 떠나던 날,

인터라켄에서 시작된 여행,
지하 협곡을 가로지른 열차의 꿈.
만년설로 덮인 순백의 정상,

그곳엔 시간이 멈춘 듯,
영원한 겨울의 이야기가 피어나고,
얼음 궁전 속 차가운 미소는
마치 시간을 잊어버린 보석처럼 빛났네.

세월이 흐르고,
화면 속 알프스의 풍경이 다시금 내 마음에,
그날의 차가운 공기와 맑은 하늘을 불러오네.

잊을 수 없는 그날의 기억,
융프라우의 품속에서 나를 품어주던 순간들.
이제는 추억이 되어 버린 그날의 이야기를,

맑은 시 한 구절로 새기며,
융프라우의 기억 속으로,
다시 한번 마음의 여행을 떠나네.

베토벤의 본(Bonn) 기억의 선율

고요한 라인강이 흐르는 그곳,
베토벤의 고향, 본(Bonn)이여,
1982년의 봄부터 시작된 나의 여정,
그곳에서 나는 시간을 조금씩 담아갔네.

수많은 날이 지나간 그 거리에서,
고단한 생을 살며, 가난과 고독 속에서 울려 퍼지던
베토벤의 선율을 느꼈네.

그는 신동이 아니었으나, 불굴의 의지로 세상을 감동시키며,
영웅의 교향곡, 운명의 장단, 합창의 희망을 그려냈네.
청각마저 그를 떠났으나, 세상은 그의 음악 속에서 살아 숨 쉬었고,
그가 남긴 편지, '불멸의 연인에게',
그 열정은 여전히 강하게 남아 있네.

나는 그곳에 서서, 한국에서 온 방문객들과 교포들에게
이 땅이 품은 대 음악가의 이야기를 자세히 전했네.
베토벤의 본(Bonn), 그가 걸었던 길을 함께 걸으며,
우리는 그의 음악 속에서 열정의 삶을 느꼈네.

이제 그리움이 된 시간 속에서, 나는 다시금 본(Bonn)을 떠올리네.
그곳에서 들려온 음악과 그의 삶이 남긴 울림이
내 마음속 깊이 남아 끝없는 선율로 이어지네.
베토벤의 본(Bonn), 그곳에서의 기억, 나는 그 안에 남아,
영원히 그의 음악을 품고 살려네.

베이루트를 그리워하며

베이루트의 아침, 해가 지중해 위로 부드럽게 퍼질 때,
금빛 이야기를 속삭이는 해안가에 서면,
영화 속 장면처럼 화려하되, 속삭임에는 깊은 아픔이 깃들어,
13년의 긴 시간이 흘렀어도, 마음 한 켠 그리움만은 여전하네.

007의 모험, 벤허의 전설이 살아 숨 쉬는 땅,
그 속에서 한국대사로 서 있었던 내가,
아시아, 유럽, 아프리카의 교차로, 중동의 작은 파리에서,
평화의 길을 걷고 있는 국군 동명부대와 함께했던 그 시간.

헤즈볼라와 이스라엘 사이의 어두운 그림자 속에서도,
백향목 숲의 신선한 공기, 칼릴 지브란의 생가에서 받은 영감은,
내 영혼에 깊은 감동을 주었고, 평화와 사랑의 메시지를 전했네.
그리움이 가득한 이 밤, 베이루트의 별들 아래 다시 그 꿈을 꾸네.

떠나온 지 벌써 13년, 시간은 빠르게 흘러가도,
내 마음속 깊이 새겨진 베이루트의 추억,
백향목 보존지역의 평온과 칼릴 지브란의 지혜는 영원히 남아,
이 세계의 교차로에서, 사랑과 평화의 메시지를 함께 전해가네.

나는 여전히, 베이루트를 그리워하며 살아간다네.
그 아름다운 풍광, 평화를 향한 꿈,
그리고 내가 직접 방문하여 감동 받았던 순간들의 기억을 안고,
세상 어디에 있든, 베이루트의 사랑과 평화를 마음에 품으며.

에필로그

시집 『하늘에 닿은 날갯짓』을 마무리하며 하늘을 날던 그 순간순간들이 다시금 머릿속을 맴돕니다. 때로는 바람처럼 때로는 구름처럼 그리고 때로는 무거운 비처럼 제 삶에 스며들었던 감정들이 시를 통해 모습을 드러냈습니다.

이 시집을 통해 표현된 모든 것들은 그저 개인적인 체험이 아닌 우리가 모두 경험할 수 있는 보편적인 감정과 순간들입니다. 이번 시집에 특별히 편집한 제5부 '날개를 타고 세계로'는 제가 하늘과 함께 걸었던 세계의 길 그리고 그 길에서 느낀 순간들로 이루어져 있습니다.

삶이란 하늘을 나는 것처럼 끝없이 이어지는 여정입니다. 이 여정에서 우리는 모두 각자의 날개를 펼치고 각기 다른 하늘을 향해 나아갑니다. 이 시집을 통해 여러분과 함께 그 여정을 나누고 잠시나마 하늘을 함께 비상할 수 있기를 소망합니다.

하늘 아래서 그리고 세상 곳곳에서 우리는 모두 같은 꿈을 품고 살아가고 있다는 것을 이 시집이 전할 수 있기를 바랍니다. 우리는 각기 다른 곳에 있지만 결국 같은 하늘을 바라보며 같은 바람을 느끼는 존재들입니다. 이 시집이 그 마음을 여러분께 전달하기를 바랍니다.

2025년 봄
시인 이영하 올림

하늘에 닿은 날갯짓

초판 1쇄　2025년 5월 22일

지은이	이영하
발행인	김재홍
교정/교열	김혜린
디자인	박효은
마케팅	이연실

발행처	도서출판지식공감
등록번호	제2019-000164호
주소	서울특별시 영등포구 경인로82길 3-4 센터플러스 1117호(문래동1가)
전화	02-3141-2700
팩스	02-322-3089
홈페이지	www.bookdaum.com
이메일	jisikwon@naver.com

가격　12,000원
ISBN　979-11-5622-932-2　03810

ⓒ 이영하 2025, Printed in South Korea.

- 이 책은 저작권법에 따라 보호받는 저작물이므로 무단전재와 무단복제를 금지하며 이 책 내용의 전부 또는 일부를 이용하려면 반드시 저작권자와 도서출판지식공감의 서면 동의를 받아야 한다.
- 파본이나 잘못된 책은 구입처에서 교환해 드립니다.